高考早知道

——中国学生成长经验之四

仇保燕　编著

只有早知道，才能早准备

只有早知道，才能早预防

只有早知道，才能早成功

九州出版社
JIUZHOUPRESS

图书在版编目（CIP）数据

高考早知道 / 仇保燕编著 .—北京：九州出版社，
2008.12
（中国学生成长经验；4）
ISBN 978-7-80195-927-0

Ⅰ.高… Ⅱ.仇… Ⅲ.高等学校—入学考试—经验
Ⅳ.G632.474

中国版本图书馆 CIP 数据核字（2008）第 188955 号

高考早知道

作　　者	仇保燕　编著
出版发行	九州出版社
出 版 人	徐尚定
地　　址	北京市西城区阜外大街甲 35 号（100037）
发行电话	(010)68992190/2/3/5/6
网　　址	www.jiuzhoupress.com
电子信箱	jiuzhou@jiuzhoupress.com
印　　刷	三河市东方印刷厂
开　　本	700×1000 毫米　16 开
印　　张	14
字　　数	172 千字
版　　次	2008 年 12 月第 1 版
印　　次	2008 年 12 月第 1 版　第 1 次印刷
书　　号	ISBN 978-7-80195-927-0/G・388
定　　价	28.00 元

出版说明

本书是为了让父母和老师在教育子女的过程中尽可能地避免失误，有的放矢，因“材”施教，让孩子在学习的过程中早知道，早起步而特别编写的。

本书的目的：

本书旨在帮助高中生及其家长提前预知高考中将要面对的问题，是看得见的“预防针”；可帮助家长老师及学生及时吸取前人的经验教训，是买得到的“后悔药”。

本书的内容：

本书紧密围绕“高考”的主题，对高考的考前准备、应试的技巧和策略以及考后选择学校和专业等各项事宜，提出了极其详细并极具指导性的意见，希望对在高考路上跋涉的行者和他们的家长起到全程指引的实效。

本书的对象：

本书适合高中生及其家长使用，也可供老师、研究者及一切关心孩子成长的读者参考。

九州出版社

2008年12月

序 高考路上早知道

在我国，用考试选拔人才的道路已经走过千年。考试制度是遭受批议最多，而又千年固袭的传统。

人们都明白，一考定终身并不符合个人发展和社会发展的潮流，但人们也不得不承认，高考的目标是为了评价一个人的知识与能力水平，至今还未找到比考试更好的办法来选拔人才。而且，考试制度对教育质量和教学效果具有评价、诊断和反馈的功能，对应考者具有竞争和激励的作用，能有效地激发和调动应考者的进取心。古往今来，正是因为有了考试选拔制度，才使得大量有真才实学的学子脱颖而出。

随着高校不断的扩招，如今的高考已再不是“千军万马过独木桥”了，高考已经成为我们生活中的一件平常事。现行的以考试为标准的录取方式尽管并不完美，但相对来说，考试成绩仍是一个比较公正的标准。虽然目前高考制度屡受舆论质疑，但无论如何，它保证了“按分录取”的基本公平。因此，高考的存在还是有其积极、正面的作用，在现阶段还是有其存在的合法性的，考生和家长对高考也给予了极大的重视。

从某种意义上说，高考是孩子一生中最重要的一场考试，因此，家长和孩子应该尽早了解高考、认识高考。中国有句老话叫做“预则立、不预则废”，如果我们的家长和老师们把高考过程中的每一个细小的环节都能事先考虑周到，那么就可以让孩子少走不少弯路，让他们能够顺利地决胜高考、金榜题名。有鉴于此，本书紧密围绕“高考”的主题，对高考的考前准备、应试的技巧和策略以及考后选择学校和专业等各项事宜，提出了极其详细并极具指导性的意见，希望高中生和他们的家长能够早知道、早准备、早预防、早成功。相信本书对在高考路上跋涉的行者和他们的家长能够起到全程指引的实效。

目录

考前 II

考前Ⅲ

应　考

家长的责任

高考早知道

Gao kao zao zhi dao

考前 I

1 考前早准备

考入理想的大学是每个高中生向往的事情。为了全力以赴地投入高考，考前应集中一段时间进行复习，不打无准备之仗。

在同等条件下，学习成绩的好坏，取决于个人的努力和方法。

学习的方法多种多样，选择最佳方案的目标是追求效率。

在考前复习的几十天内，考生一定要充满自信，保持一个良好的心理状态，并且要有一个适合自己的复习计划。

考前复习的全程可分为三个时段。假如有三个月，第一时段为八十天；假如有两个月，第一时段为五十天；假如有一个半月，第一时段则为三十五天。第二时段七天，第三时段三天。

在第一时段，应以课本为中心来复习，绝不可抛开课本另搞一套，必须通读课本。凡是高考要求的内容必须复习，就是有些不考的章节也不能放过。高考一般不会出偏题、怪题，考生没有必要为偏题和怪题劳心伤神。但在高考试卷中，常把许多基础问题技巧性地综合到一起，所以，要通过重温课本，扫除理解上的障碍，准确地把握每一个概念的内容，不留一丝含糊。对于底子薄的考生来说，不要急于去攻克难度大的题目，而是要沉下心来，把高中甚至初中的相关知识认真地补习好，扎扎实实地把基础夯实。在弄清各科基础知识的框架上形成知识系统，把重点放在系统掌握课程内容的内在联系上，努力提高分析问题和解决问题的能力，才会使自己的整体水平不断提高。

高考是以总分取胜的，一分之差在一个地区也许就落在几百人之后，甚至下降一个录取的档次。所以，考前复习是非常关键的时刻，就像一次长跑的最后一段路程，应用坚实的脚步不遗余力地纵步，并在逼近终点时做最后的冲刺。

为了定出适合自己的复习计划，考生必须遵循以课本为本，平衡发展，总分制胜的原则。

2
推力、拉力与压力

心态对复习具有决定性的影响。拥有一个良好的心态，能使人全神贯注，而在心绪不宁、抑郁忧烦的状态下，人会焦躁不安，学习的效果自然不会好。高高兴兴地学与愁眉苦脸地学，效果大不一样。

造成心态不良的因素有很多种，如动机、期望、情绪、性格、环境、心理暗示等，对心态都有影响，但复习中的心态，主要取决于学习动机。

学习动机由三股力量促成：推力、拉力和压力。

推力是指发自内心的学习愿望，拉力是指外界因素如父母和他人的鼓励。推力和拉力都能反映人的学习需要，由这两股力产生的学习期待，具有明确的方向性。而压力就不同了，压力是指客观现实对学习者的牵制，带有明显的强迫性质。这三种动机都能使人投入学习，但人接受压力是迫不得已的，所以，压力往往难于持久地发挥对学习的作用。

考生面临的压力，从客观上讲，主要来自学校和家庭。来自学校的是老师的言语和学生间的互相攀比，家庭压力则主要来自父母。家长为什么要给孩子施压呢？概而言之，是由于他们望子成龙心切，或认为管教自己的子女是天经地义的事情。大多数父母都是好意，但也有一些父母并不懂得怎样帮助子女克服学习中的困难。有时，压力也源于考生自己，考生因给自己订的目标过高，害怕榜上无名，使自己陷入极大的压力之中。

压力对健康的影响很大，自然也会连带影响到学习。因此，如果要想提高学习效率，就必须消除压力。在复习期间，考生不必理睬外来的压力，对于自身的压力，则应用努力学习的行动加以克服，这是解除压力的最好办法。因为，如果学习成绩不好，压力自然就重，如通过复习使成绩节节上升，压力就会越来越轻。考生可以这样想：虽然我的成绩差一点，但还是有希望考上一所大学的，尽管不是名牌大学，但是我很满足；也可以这样想：高考复习并不只是为了上大学，眼光如果放远一些，对自己的将来一定会有帮助。通过这样想，就会积极主动地投入到学习之中了。

多给自己一点希望，多给自己一点信心，学习效果会有明显的提高。心理素质好的考生，往往越有压力学得越好，能够在压力中提高学习效率。

解放思想，心神舒畅，端正学习动机，让复习充满乐趣，这是在复习开始时首先要做的事。

3

信心引航

除了正确的学习动机外，对学习有重要影响的因素还有信心。

信心是自我意识的组成部分；

信心是相信自己愿望一定能够实现的追求；

信心是一种动力；

信心是成功的基石。

如果你认为自己能行，那你就行。为什么呢？因为只有认可自己，相信自己，才能体会到自身的价值，如果对未来充满乐观的期待，就会获得行动的动力。拥有自信的人，会充满主动精神，时时激发自己的力量，凡事都会认真地去争取。对于考生来说，有自信心会自然而然地产生复习的愿望，集中精力阔步前进。反之，如果缺少信心，一味的妄自菲薄，就绝不会取得成功。

人在思考某个问题时，首先应有一种积极的态度，确认自己有思考这个问题的能力。如果缺乏自信，便会受到束缚，使思维能力走下坡路。这种现象，在心理学中称为“抑制效应”，即缺乏信心使脑细胞活动受到抑制，导致思维能力一落千丈，从而更加丧失信心。如此继续下去，自然会陷入一种缺乏自信的恶性循环当中。

心理学家研究发现，人们在放松时记忆的输入和输出都处于最佳状态，因此，放松是学习的关键。信心能使人消除不安和焦虑，让人平静而愉快。多数人都能自然地放松，例如，有的人一旦定下目标就开始形成自信。学会放松对高效率的学习是有好处的，只要你想象考上大学后的快乐生活，复习就不再枯燥了，这就是心理学中所说的“报酬效果”。

人为什么会信心不足呢？关键在于心中无底。信心建立在对自己水平的客观估计上，也建立在适当的期望上。不过，所有的考生在考前都没有百分之百的把握，所以，每个人都会紧张，都多多少少有些信心不足。在正确的学习动机的引导下，树立坚强的信心，你就能体会到学习带给你的愉悦，就能做到锲而不舍。

4
跨过焦虑

在备考阶段，如果考生的思想负担过重，引起应激反应，就会产生焦虑情绪。

焦虑是一种心理障碍。人的情感有快乐、愤怒、恐惧和悲哀四种，除快乐外，其余三种均属消极的情感，若得不到化解，就会对思维起干扰作用。焦虑是恐惧的反映，对人的思维是有害的。但是，在高考中所有的人都会不安和焦虑，只不过焦虑的程度有所不同而已。有的考生非常紧张，吃不下饭，睡不着觉，坐卧不宁，这种非常焦虑的状态会使人忧心忡忡甚至心绪失常。

焦虑与对考试的评价有关。为了克服这种现象，应进行心理调适，不要和他人攀比，应该客观地评估自己的实力，确定一个合理的高考目标。目标定得低了与高了都不好，实事求是才是正确的态度。

克服焦虑最根本的办法就是自己给自己松绑，用理智战胜困扰，正视理想与现实之间的距离。随着复习的深入，知识水平的进一步提高，考生要以自己的知识和应试技巧为动力，使心情逐渐平静下来，一步步走出焦虑的阴影。

5 学会放松

学会放松

紧张给复习带来障碍，在十分紧张的状态中，往往什么也记不住。

深呼吸 在深呼吸时，采用腹式呼吸法，缓慢而有节奏地用鼻吸气，停顿数秒钟再用口徐徐吐出污浊，如此进行多次，就可得到一种放松的舒适感。

想象 微闭双目，冥想自己到了一个风光秀丽的地方，从而诱发一种谐和的心态。

双手拉钩 双手弯成钩状拉在一起，拉紧放松，再拉紧再放松，反复多次。随着双臂肌肉交替收缩和舒缓，放松的感觉会遍布全身。

体育锻炼 到户外散步、慢跑、做操，可给大脑补充氧气并获得全身松弛。

听音乐 听节奏缓慢的音乐，特别是那些描写自然声响的音乐，对放松极有帮助。

6
座右铭

一种必胜的信念往往是成功的先导，它会产生爆发性的威力。在心理学中，这种信念被称为暗示。

暗示是一种心理状态。其实，学习动机与信心都是心理状态，如果用一种必胜的暗示来鞭策自己，这和动机、信心诱导出来的积极的心理状态是一样的。

有的考生用每天翻看“离考试还有XX天”的警示牌来督促自己，但这种做法并不妥当，它并不是期待，而是自己对自己施压。期待应是一种能起到激励作用的积极的心理暗示。

在制定复习计划时，如能为自己设置几条座右铭，会使自己的信心更加充沛，对保持一种持续的积极态度大为有利。设置座右铭的方法显然是有利于发展自我期待的。

座右铭可选择格言式名人名言，也可使用自己的警句。这些具有心理疏导作用的座右铭，应放在一个醒目的地方。座右铭要定时更新，若长时间不变换，在视觉上习以为常，就会形同虚设，失去它应有的价值。

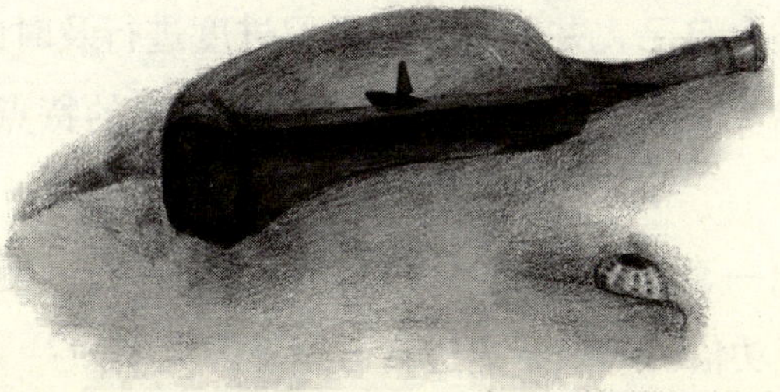

7

复习的忌讳

在复习中，缺乏计划是一个大忌。

例如，有的考生认为某一科是自己的弱项，就花费很多时间去强攻，直到临考才发现，他的所有科目还都半生不熟；有的考生不顾课程的实际需要，而从爱好于否来决定对一门课程的复习时间；有的考生认为自己各门功课都差，于是眉毛胡子一把抓，一会儿拿起这本书，一会儿又拿起那本书，结果门门课程都是夹生饭。这些复习都没有明确的目的，过于情绪化，缺乏理性的计划，对应试极为不利。

随心所欲是对复习的最大的放任。千万不能高兴什么就学什么，学到哪儿就算哪儿。任何一种为时较长的学习，都要求正规和自律，只有养成正规和自律的习惯，并对目标有明确的追求时，才能做出持久的努力。安排计划的目的就在于使复习有条有理，如果你要进行有效的复习，那么就必须对学习保持一种长久的兴趣，并学会合理使用时间，充分利用学校的安排和自己的安排，保证注意力始终指向亟待解决的最重要的问题。学什么，怎么学，什么时候学，都要由自己的理智来支配。

每个人都要有一套适合自己的复习计划，这套计划没有好坏的区分，关键在于它是否适合自己，并能否根据学习进度进行及时的调整。所以，要想制定一套适合自己的复习计划，除要了解自身的特点外，也要了解各学科的特点。

如果你能定出一套有效的复习计划，并在全程合理使用，就一定能在复习中取得事半功倍的效果，走进自己理想的大学。

8
计划的必要性

投入复习的第一件事是制定一个切合实际的复习计划。在弄清个人实力的基础上，筹划一下各科的大体范围、复习要点、自己的薄弱环节，做到心中有数，然后为自己安排一个日程表。一个好的日程表，应该包括对时间的分配，对学习阶段性重点和目标的把握。计划中的复习内容、复习时间和复习目标，要具体而明确，要按时完成每天的学习任务，不要做这件事想着那件事，或做了一件事而忘了另一件事。

复习固然要有计划，但如果一开始就是一个过高的目标，执行起来会有困难，也会给考生造成心理压力。所以，计划要有可行性，不能一下子定得过高，应先制定一个接近自己实力的明确的计划，这是一个经过努力可以达到的目标。在设定了目标后，可将目标分成几个步骤，然后为每一步骤规定切实的完成期限，这样，会使人有成就感，从一开始就看到成功的结尾。当你达到第一个目标时，兴趣就会油然而生，你会最大限度地利用时间，减少复习的盲目性。

复习计划是备考的指南，有了计划一定要执行，否则，这个计划就没有用处。但计划一定要适度，既起到对学习者的约束和督促作用，又不会把人束缚起来。只有坚定不移地沿着这条预定的航线前进，才能脚踏实地，心手相应。

9
制订计划三步走

高考复习是对已经建立起的记忆通道的造访，不等于再学一遍。

高效的复习是为了对各科知识进行清晰的概括，那么，由于考生的实际情况不同，复习计划就应因人而异。在通常情况下，可沿着点、线、面的思路，分三步走：

第一步，充实基础。高考试题的内容不会超出课本知识的限定，这就使考生明确了复习的范围。本步骤应以课本为主，从头到尾地认真阅读，每门课程都要像一幅蓝图一样在眼前展开，切不可偏废任何科目。要记住课本每个章节的主要内容，把每个知识点的适用范围摸清楚，在此基础上，建造每门课程的知识框架，并使之条理化，在自己的头脑中建构一个结构图。为了打好基础，本步骤不需图快，要稳扎稳打，一步一个脚印地前进。

第二步，提高能力。所谓能力，指的是记忆能力和联系实际解决问题的能力。运用知识靠记忆，解决未知问题靠思维，没有记住知识就不可能有解决问题的能力；没有能力的形成，知识的价值也就无从体现。所以，本步骤的重点是进行踏踏实实的解题训练。习题一定要精选，要把握典型题，做题不论多少，旨在掌握解题技巧，尤其是要多做中等难度的综合题，以便大力提高运用知识的能力。

第三步，整理总结。本步骤的重心是收拢，使各科知识从厚到薄，提纲挈领。在本阶段中，一定要认真批阅自己的错题本，把各科知识和基本技能建立起一个互联网。因为在高考试卷中，很多题目都具有极强的综合性。

我们说，基础知识、基本技能训练和概括归纳三者虽是有机结合、不可分割的，但在备考复习的过程中，则应在不同的阶段各有侧重。

一个总体计划一旦确定，便要坚定不移地贯彻实施。在复习伊始制定的计划，有可能考虑不周，要在发现问题后及时修正。考生可以根据复习进展的情况，适时调整学习进度，使计划更具灵活性。

10
合理分配复习时间

复习计划是量体裁衣的，没有好坏之分，正如鞋不论大小，必须穿得合脚一样。自己要对自己在学习上的优势与劣势有一个客观的认识，根据自己的状况来确定哪些学科应加强，哪些学科应查缺补漏，哪些学科花的时间可能长些，哪些学科可能要短些。

在复习中，合理分配各门课程所占的时间是很重要的。要做到这一点，除对自己的学习情况有一个评估外，还要了解各门学科的具体情况。对一些记忆性较强的科目，如政治、历史、化学等科的复习时间可安排在稍后，这样到应考时，可以保留鲜明的记忆。在复习时间的分配上，要考虑各门课程内容的多少和难易程度，以及它们在高考中所占的比重。除了给自己的弱项安排充足的时间外，优势科目也要安排一定的复习时间。

在制定复习计划时，要做到长计划短安排，不但要有复习的整体计划，还应明确每天的学习任务。在复习计划中要“三定”，定时间、定内容、定限期实现的学习目标。这样就能知道每天每时要学习什么和怎样学，复习成绩一定会直线上升。

在势行计划的开始，可能遇到一些不懂、不清楚的问题，只要不断分析总结，适时调整计划，踏踏实实向前走，你的目标绝对可以实现。

11
详读《考试说明》

《考试说明》是高考命题的依据，也是制定复习计划应遵循的准则。在每年高考前，国家教育部都会出台一个高考的《考试说明》，在这个《说明》中，指明了考试的宗旨和目的、出题范围和命题思想。因此，详读这个说明，对制定复习计划是有好处的。

在阅读《考试说明》时，应对高考各科目的知识点、考试形式、试卷结构、题型题量、试卷长度、难度系数和分值分布等情况了如指掌，特别是对某个学科的调整变动情况要明白无误，并在复习计划中予以落实。

需要说明的是，在命题范围中，凡是涉及学科基础知识相关内容的考查，都不可能超越教学大纲，但应用题必须由考生运用自已掌握的知识加以综合解决。

12
自我评价

在制定复习计划时，除应遵循《考试说明》的要求外，还应恰当地给自己定位。

基于多种原因，考生对自己的评价往往并不准确，在自我评价中可能会高估自己，但在一般情况下，低估自己能力的现象更常见。

为了比较准确地给自己定位，可从以下两个方面着手：

一、衡量自己的基础知识和演算习题的能力；

二、取参加几次模考的平均值，看自己在本校考生中的排位。

根据上述办法测评后，你也许能判断自己在高考中所处的位置。

当你做出对自己的评价后，还必须明确一点，如你对课本能以正常的速度阅读并掌握其中要点，尽管以后的复习任务会很繁重，你也绝对能应对自如。

随着复习的前进，复习会变得越来越容易。

13
高考的目标

目标是个期望值，制定目标应从实际出发。人对目标的执著，往往能导致预期的结果。

如果你有了目标，就会形成自信。

如果你有了目标，复习就会有的放矢。

如果你有了目标，复习便会容易起来。

没有目标的复习，犹如跳高没有横杆，是不可能跳出好成绩来的，横杆就是跳高者的目标。但虽有目标，定得过高或过低也没有实际价值。成功的第一步，是让自己相信目标绝对可以达到。所以，给自己定目标一定要恰如其分。有效的目标，是以个人实际情况为基础的全面提高的目标，跳一跳就能从树上摘到成熟的果子。目标要坚定不移地一步一步地实现，长远目标一定要与当前任务联系起来，对目标进行分解，安排在每一天的每个时间段里，连续不断地去加以落实。

总括而言，目标必须具备两个特征：

一、可行性，它在人的努力下可以实现；

二、层次性，既要有长远的、整体的目标，又要有短期的、局部的任务，目标与任务间具有从属和递进的关系。

每天早上，把当天要学的内容列在日程表里，当天晚上检查自己是否完成了任务。在睡前要想一想，今天的学习计划完成得怎样？坚持每晚必问，及时发现问题，学习效率一定会大幅提高。

14
时间的管理

一门功课从头至尾该用多少时间复习？每次复习时间的长短应如何安排？要根据个人的学习能力，以课程掌握的程度与课程自身的难度等情况来综合考虑。那些自己认为容易一些的学科，可配置较少的复习时间。

在复习中，对时间的管理是很重要的。有的考生一坐下来就连续几个小时不间断地学习，这种做法并不妥当。因为，长时间不间断地学习，效率是会降低的。一般来说，每学习一小时，应休息片刻。

在学习中有无间歇，影响着学习的质量，因为人在学习时，对于一个材料的“开头”和“结尾”是记得最牢的，如果把复习时间用间歇隔开，既可使脑力得到恢复，又可获得许多使人记忆深刻的“开头”和“结尾”。

如果你在早晨七时起床，那么在上午八时到下午四时这段时间里，是大脑活动能力最强的时间。在这段时间可背记课文或演算习题，为了杜绝干扰，可把电话、手机都关掉。在晚上精力不太充足的时候，则可整理读书笔记，或阅读报刊杂志。除此而外，对于零散时间也要尽可能地加以利用，如在早上起床后及晚上临睡前，可背诵外语单词。也可随身携带一些记有知识点的卡片，在去学校或回家的路上拿出来阅读。

15
长计划短安排

对于各科的时间配置和复习内容的安排，应体现在一个日程表中，先要确定任务，然后确定完成任务的时间。

每次复习的时间，最好以五十分钟为间隔。在五十分之内集中学习一科，学完休息十分钟，再复习另外一科。当遇到学习科目中比较复杂或比较困难的部分时，也可把时间拉长至一百分钟为一个复写单位。

日程表应根据自己的学习能力和可利用的时间来确定每天的进度，它能使你进入井然有序的复习轨道，明确每天在哪个时间复习什么和怎样复习。有了日程表后，你只要按照规定去做就行了，不仅能避免复习的无计划，而且会使你珍惜时间。当你按照计划复习时，如果每一步都是在规定时间内完成的，你就会有一种成就感，会感觉自己是在脚踏实地走向象牙之塔。

要把当天完成的学习任务，按照项目记下来。若某个项目没有完成，则应补录在第二天的日程表中。

16

每晚必问

每晚必问

——今天的计划执行了没有？

——今天学了哪些课程，哪些内容？

——今天所学内容的重点是什么？

——应做的习题做了没有？

——明天的日程是什么？

17
推荐一个复习日程表

以下是一个较为合理的复习日程表模板，考生们可以作为自己制定复习日程表的参照：

复习日程表

	时间	复习内容＼日期	月 日	月 日	月 日	月 日
	6:00—8:00	起床 锻炼 早餐				
上午	8:00—8:45	第一节				
上午	8:45—8:55	休 息				
上午	8:55—9:40	第二节				
上午	9:40—9:50	休 息				
上午	9:50—10:35	第三节				
上午	10:35—10:45	休 息				
上午	10:45—11:30	第四节				
上午	11:30—11:40	休 息				
上午	11:40—12:10	第五节				
	12:10—2:00	午餐 午休				

下午	2:00—2:30	第六节				
	2:30—2:40	休 息				
	2:40—3:25	第七节				
	3:25—3:35	休 息				
	3:35—4:20	第八节				
	4:20—4:30	休 息				
	4:30—5:15	第九节				
	5:15—5:25	休 息				
	5:25—6:10	第十节				
	6:10—8:00	晚餐 休息				
晚上	8:00—8:45	第十一节				
	8:45—8:55	休 息				
	8:55—9:40	第十二节				
	10:00—6:00	就寝				

说明：

1. 每天复习八个半小时；

2. 全天设十二节复习课，第一至四、七至十二节课每节四十五分钟，可用四十五分钟完成五十分钟的学习量；

3. 第五节和第六节课每节三十分钟，可用于测重记忆的学科；

4. 相连的两节能合并使用，每次学习一百分钟或七十五分钟后，休息十分钟；

除在校正常学习外，自由支配时间中若能持之以恒地执行本表，定能提高复习效率。

18
有效的复习

认真阅读课本

↓

用彩笔将重点画线

↓

穿插交替复习不同的材料

↓

及时回想看过的内容

↓

在理解基础知识的基础上，再进行解题训练

↓

分类梳理知识点，尽量把学习内容制成图表

19
复习三要

复　习　三　要

计划性　定出一个切实可行的复习计划，明确什么时间复习什么内容，用什么方式，达到什么目的与要求。

针对性　不可套用别人的模式，在制定日程表时，一定要切合自己的状况。

系统性　把学到的知识系统化，在头脑中形成一个网络结构。

20
提高复习效率

信心　信心是复习的基础。信心来自对自己实力的正确分析，来自对自己的准确定位。定位以后，一定要相信自己，不要因一次考试考砸就怀疑自己的定位不准确。思想出现波动是难免的，但不应超出自己承受的范围，要稳扎稳打，步步为营地前进。

计划 合理的复习计划包括学习目标和进度安排，要了解自己的学习情况和各科在高考中的比重，做到知己知彼。要为自己制定一个日程表，把较弱的科目和难度较大的科目放在优先的位置。一个好的复习计划，可使你按既定目标去奋斗，发挥自己的潜能。

重点 一定要把课本和笔记重温数遍，看得仔仔细细，力求理解每个细节。那些没有吃透的部分，就是在复习中需要加强的部分。一个概念是否被透彻理解，关系到一部分知识的掌握，因此绝不能忽略。

全局 对概念虽有了一个比较透彻的了解，但所掌握的知识仍是零散的。此时，应把知识分类，用一条主线将其串联起来。通用的方法是列表，在总表之后还可制作若干分表，列出存在于每一章节中的重点和难点，使之一目了然。

21
复习三不要

复习三不要

不要陷入题海 千万不能让不计其数的复习题、自测题、模拟题弄得心烦意乱。滥做题目未必有效，习题要精选，做题要注意质量，对每一种题型的解题思路应有一个概括，通过解题训练把知识点学扎实。

不要滥用辅导书　千万不可本末倒置，盯住参考读物而忽略对课本的学习，颠倒了课本与参考读物的关系。

不要盲目行事　一定要杜绝那种复习无计划、主次不分、随心所欲的现象。

22 紧扣课本

近年的高考越来越重视与时俱进的考查，对综合能力的关注也越来越强，考基础、考能力已是高考的趋向，考生切切不可忽略对基础知识的学习。如果不熟记定理、公式，不搞清楚概念性的东西，怎么能解题呢？总结历年来一些考生失利的原因，最根本的一点就在于基础知识不牢固。

在中学阶段，学生要掌握的各科知识点约一千个，那些在高考中大显身手的考生，并没有什么“秘诀”，他们的共同点就是基础知识扎实。

高考不会超出课本知识的范围，为考生找到了复习的方向：紧扣考试大纲和课本。学生的知识来源于课本，课本精炼而严谨，是任何辅导资料都难以比拟的。而且，在复习阶段，由于考生对各种题型已比过去熟悉，因此对课本的理解能力也必然大大提高，所以更应利用这个时机熟读课本，去发现自己在知识上的薄弱环节，找到弱点后再重点攻关。如遇到理解不深的概念，就要对与这个概念相关的题目进行反复研究；一个公式运用不熟，就要反复用它解题，直到运用自如为止。真正的武器就装在学生的书包里，但有的考生并不懂得读课本的意义，在对课本缺少总体把握的情况下，就埋头于辅导资料上所谓的“武器”、“秘笈”，陷入对高难度的追求中而不能自拔。结果时间花费了，但考试结果却并不理想。

在复习中固然有许多内容要学，但根本中的根本是课本。任何一科的理论，都不会脱离课本的知识系统。为了弄清概念并脱离课本的知识系统，为了弄清概念并掌握概念间的联系，一定不要抛开课本，通读课本能使你的整体水平更上一层楼。考生在有限的复习时间内抓住课本不放，是一种明见万里的抉择。理解并记住课本内容，什么样的考试也难不倒你。

23 重点与难点

在复习中如何使用力量，是一种策略，一定要把学习的主导放在知识的重点与难点上。

怎样确定重点和难点呢?

一、在一门学科中，使用次数较多的基础知识和基本理论，在一个知识网络中处于纵横间的交叉点上，这种知识点即该学科的重点。另外，凡是教学大纲要求熟练掌握的知识，也属于重点的范畴。

二、在一门学科中，比较抽象并易与其他概念混淆的、运用时容易发生错误的知识点，属于具有普遍性的难点。还有一种情况是，某个知识点为个别人难于理解，它是个人学习中的难点，这种难点不同的人之间会有所不同。上述难点都有可能成为考生的学习障碍。

重点和难点往往是高考命题的依据，所以，在复习中要反复弄懂，确保落实。而在课本中找到重点和难点，并不是什么困难的事情。

24
强项与弱项

每个考生都有自己的强项与弱项，而问题的关键，在于如何对待自己的强弱，以在高考中获得一个较高的“团体分”。

偏科是有历史根源的。有的学生从开始学习就偏科，他们认为：“因为我不喜欢那一科，所以那科的成绩就上不去。”但在应考复习阶段就不能这样想了，因为高考成绩是以总分来计算的，它不管你对某科有没有兴趣，每个人都要清楚这一点。还有的考生认为，与其把较多的时间“枉费”在弱项上，不如在强项上多下工夫来争取一门高分，这种想法也是不明智的。一百一十米跨栏世界冠军刘翔说：“非常清楚，从十四秒进入十三秒也许简单，但越往前走越困难，现在哪怕想提高零点一秒，甚至零点零零一秒，都不是件非常容易的事情。”学习也是同样，从五十分提高到七十分比较容易，但要想从九十五分提高到一百分就困难多了。何况，在考试的诸多科目中，一门学科考得再好，也只能拿到它的最高分，分数越往上走，遇到的困难就越多。相对来讲，把精力投入弱项，用不了很长时间，就会有较多的收获。因此，对自己的弱项万万不可放松。

你对某学科缺乏兴趣，并不等于你就没有这方面的才能。别的科目既然能取得理想的成绩，较弱的科目经过努力同样可以取得不错的成绩。所以，对自己的弱项要认认真真地分析，明确自己在这个学科上欠缺到什么程度，在此学科中哪部分学起来最吃力，以便有足够的力量去攻克它。对不喜欢的学科，应从基础知识开始复习，每次只增加一点难度，学一点巩固一点，不断增加学习信心。

复习中一定要加强对弱项的攻关，力求稳扎稳打。任何事情都不能未动手就先排斥，不可还未深入就先否定了自己学习某门课程的能力，只要肯吃苦，努力去做，弱项也能达到中、上等水平。

正确的复习方法是：抓紧弱项，由弱变强；提高强项，稳中求升。

25 知识与能力

在复习中，考生在掌握基础知识的同时，要多做习题，大力提高运用知识的能力。

所谓能力，一方面是学习各门学科的能力，如物理、化学等科目的实验能力、语文的写作能力、外语的口语能力等；另一方面是各科共有的能力要求，如逻辑思维能力、解题能力等。

在复习中多做题，并不是鼓励考生跳入题海。题海战术指的是做题只重数量，不求思考和归纳的盲目方法。真正的解题能力在于对基础知识的灵活运用。实际上，考查综合能力的题型也都是基础知识点的组合，只不过是用不同方式进行组合。同一定理，在此题中可用于论证运算，在另一题中则可用于分析判断，故而提高解题能力的过程，就是深化基础知识的过程。

知识和能力是不可分割的，没有记住知识，便不可能有回答和解决问题的能力，而没有能力的形成，知识的价值也无从体现。但知识与能力的目标不一样，知识要解决的是认知问题，即知与不知或知之深浅的问题，能力要解决的是求知本领的问题。毫无疑问，能力要依赖知识，而掌握知识的目的在于应用。

能力的掌握比知识的建立要困难一些，如解题方法就不是唾手可得的，必须通过反复训练和深思熟虑才能找到答案。所以，考生在加强对知识的理解过程中，应加强对解题能力的训练，不能强调一面割舍另一面，不能认为知识学得多，解题能力就必定高超。要把知识的学习和培养解题能力贯穿于整个复习之中。

解题训练要使用多种类型的模板题，尤其是数理化学科更是如此。在高考中，一些考生数理化的分数上不去，和解题不当有直接的关系。所以，解题能力的强弱关乎高考成绩的高低。

26
建立错题本

阅读和做题是一个完整的学习过程，不可偏废。在复习中，做题不在乎多，而要有所选择，并通过做题发现自己在知识上的漏洞。

在审题中，必须仔细读懂题目中的每一句话，看清每一个符号，不得遗漏和疏忽。对一些带有描述的题目，除要读懂文字外，还应在头脑中构成形象化的图景。审题的最后结果，应是把题目给出的已知条件和隐含的已知条件全部分析出来，然后再思考解题的途径。在复习中，遇到某些不会做的题，或是把题做错了，是一种正常的情况，暴露了你在知识上的欠缺，应把它们记录下来。做错题不可避免，但重要的是坚持一题不二错的原则。平时一定要注意收集自己的错题，进行分类整理，以便弄清错误的原因，找出自己在知识上的疏漏，避免以后再犯相同的错误。如果不进行错误分析，做题是没有意义的。

为了把学习中的问题集中起来，每个考生都应建立一个错题本，把练习中做错的题目逐一剖析并经常翻阅，或通过再一次的训练，真正知道这道题为什么做错了，改错的途径是什么，以收到防患未然的效果。

27

高考复习一盘棋

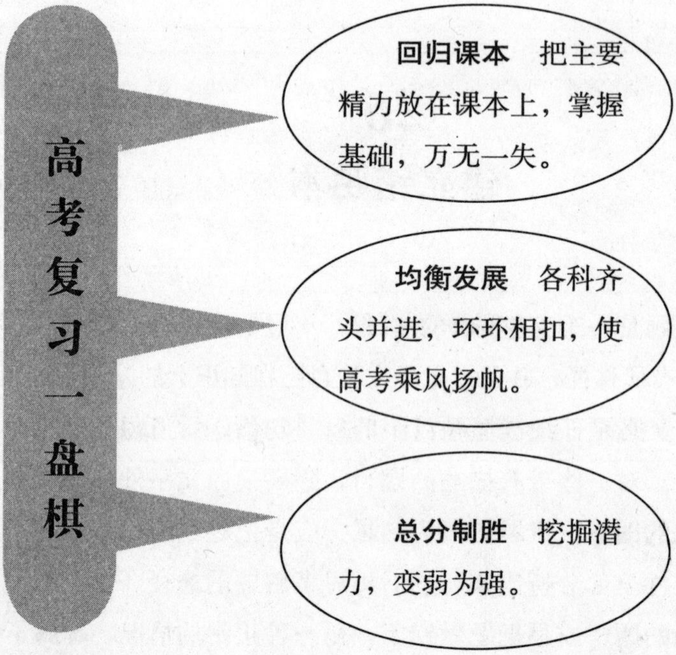

28

复习的三个层次

复习的三个层次

复习的过程是一看课本，二做习题，第三层次便是掌握认知结构。

掌握基础 课本中的概念、定理、法规和公式，都是不可忽视的基础，不能蜻蜓点水，走马看花。应反复阅读，学懂弄通。对概念和法则要了解其含义、实质和运用方法，对定理和公式要了解其来源、条件、结论和应用技巧。

掌握基础 课本中的概念、定理、法规和公式，都是不可忽视的基础，不能蜻蜓点水，走马看花。应反复阅读，学懂弄通。对概念和法则要了解其含义、实质和运用方法，对定理和公式要了解其来源、条件、结论和应用技巧。

综合分析 在掌握基本概念的基础上，从纵向或横向理解有关的定理、法则和公式以及它们之间的互相关系，在头脑中形成一个知识的面。通过综合分析掌握的知识，达到主干清晰、枝蔓有序的效果。

29
学习习惯

学习习惯对考试有一定的影响。在高考前，应养成以下这些习惯：

工整使用草稿纸　使用草稿纸无次序，看似没有问题，实际上影响到对试卷的复查。在交卷前复查时，常因找不到当初计算的位置而导致失误，因此最好工整地使用草稿纸。

建立错题本　将每次考试中做错的题目誊抄起来，附上正确的答案，从中吸取教训，以避免再犯相同的错误。

做笔记　上课、读书时要做笔记，这样会使学到的知识简明地展现出来。

不用计算器　高考是不许带计算器的，如果用惯了计算器，一旦不用就会感到很不方便，甚至产生计算失误。所以，在复习时就要养成不用计算器的习惯。

不拒绝别人的提醒　俗话说，旁观者清，当事者迷。当你拒绝别人的提醒时，就有可能把真理拒之门外。所以，一定要和他人取长补短，在交流中共同进步。

30
复习方法

复习的成效不仅依赖勤奋，还取决于学习方法。学习方法因人、因学科而异，因为每个人的学习水平和学习习惯不同，每门课程也有它自身的特点，如不能把学习数学的方法套用到语文上去。因此，没有千篇一律适合所有考生的学习方法。学习方法犹如每个人的笔迹，各不相同且充满个性。但学习中也有一些共同的规律是值得重视的：

◆ 良好的情绪
◆ 注意力高度集中
◆ 从易到难，从简单到复杂
◆ 善于利用零星时间
◆ 记忆性与思考性的材料交替学习
◆ 眼、耳、口、手并用，多通道联系
◆ 不过度用脑，劳逸结合
◆ 学习同一材料的时间不要过长，不搞持久战

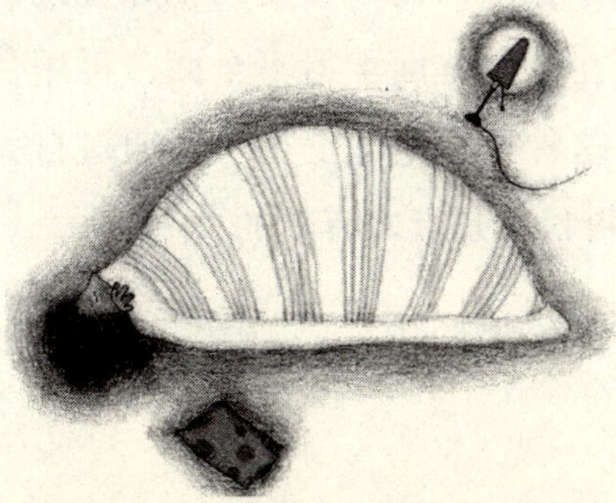

31
尝试回忆

当我们阅读课本到一个段落时，便要合起书本默想一遍，试着回忆应该记住的内容。凡觉得模糊的地方，应立即核对原文重新阅读，这种方法即尝试回忆。把阅读和尝试回忆结合起来，是一种脚踏实地的学习方法。

在复习中，按照学习顺序，每到一个段落尝试回忆一次，可从中找出自己没有把握的地方。此法在信息论中称为“回馈”，对于考生来说，很值得借鉴。根据心理学的研究，在阅读期间用于尝试回忆的时间越多，记忆的效果越好。这里需要明确的是，尝试回忆有别于背诵。尝试回忆是为了对一个章节的要点达到熟记的程度，是用自己的语言来复述，无须逐字逐句地去记忆；背诵则要求逐字逐句，对于要背诵的内容没有主次之分。尝试回忆以对材料的充分理解为前提，所以，尝试回忆要求充分掌握材料的中心，在回忆时抓住要点，并融会贯通。

为什么尝试回忆能增强学习效果呢？这是因为这种方法能使人始终处于凝神专注的状态，不会陷入简单重复的枯燥境地。同时，在尝试回忆中，能及时了解自己在哪个方面学得不全面，再用合理的时间去重读那些应该记住的部分。这种方法实际上是一种通过自我检验来提高学习效率的方法，对于任何科目都是行之有效的。

32
过度学习

重复是学习之母，这话一点也不错，但在复习中，有一个需要注意的问题，即学习中的重复应以多少次为宜。有一种方法被称为过度学习，是指多次重复已经记住的内容，从而达到熟记的方法。过度学习的意义是，在达到可以背诵的地步后，不停止阅诵，继续学习教材的内容。

过度不是多余，它是为了不满足于勉强记住的状态，通过再次重复求得记忆的牢固。为使记忆铭刻于脑，重复多少遍都不过分，但为了节省精力，减少不必要的工作量，过度应有一个限度。心理学家经过研究认为，过度学习的部分，一般以原来识记次数的50%为宜。举例来说，如某个材料背诵七遍已初步记住，那么，再背记四遍加以强化，它的效果会更令人满意。不过，50%只是一个大体的比例，由于有材料性质、长短和理解程度等因素的影响，不可一概而论。

33
快速阅读

在复习中，另一个需要注意的问题是阅读速度的问题。在语文、政治、历史等科的复习中，大部分时间是花在阅读上，所以必须加快阅读的速度，阅读快的人通常也学得快。如果不能提高阅读速度，复习的时间就可能不够用。

在主观上，阅读速度慢有三个原因：一是思想不集中；二是梳理知识的能力差；三是由于概念不清的障碍，使阅读无法继续下去，如你不懂得“认识论”、“自然法则”等词的含义，对于某些哲学文章慢读多少遍也没用。还有两个客观上的原因：一是材料比较枯燥；二是印刷质量差。若从主观上努力，大多数人的阅读速度是能够提高的，如果你不是以字而是从词或句子为单位来扫视阅读材料，就能加快阅读的速度，有可能达到每分钟阅读三百字左右的快速阅读了。

通常认为快速阅读在一定的时间内能增加阅读的量，所以是应大力提倡的学习方法。其实这种认识并不全面，因为当无须将一个较长的材料全部熟记的情况下，完全可以加快阅读速度，但在遇到需要牢记的内容时，就必须把速度减下来，并加入尝试回忆或背诵的过程。因此，在一个整体阅读中，该快的时候要快，该慢的时候要慢，要根据需要不断调节阅读的速度。

34
为什么要记笔记

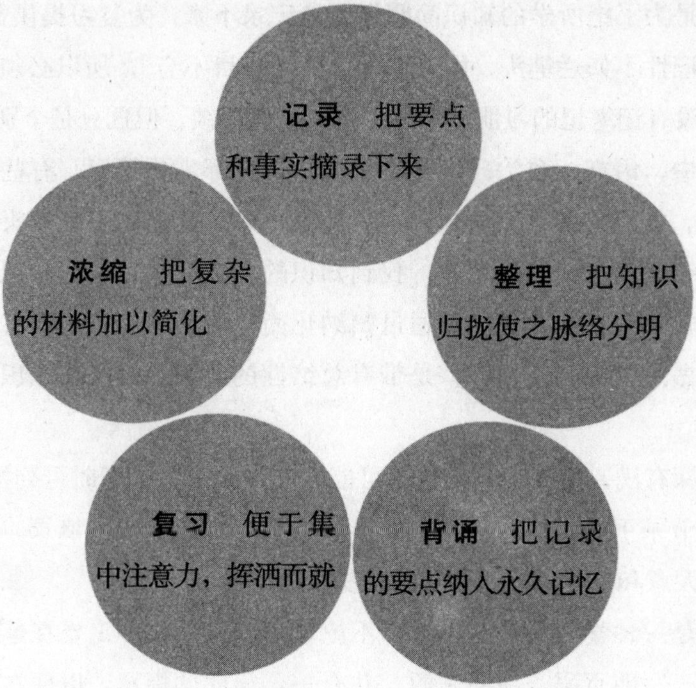
记录 把要点和事实摘录下来
浓缩 把复杂的材料加以简化
整理 把知识归拢使之脉络分明
复习 便于集中注意力，挥洒而就
背诵 把记录的要点纳入永久记忆

35 怎样记笔记

记笔记是为了把所学的知识简明扼要地记录下来，为复习提供资料。俗话说：好记性不如烂笔头，因为你不可能“过目不忘”，所以必须记笔记。有的人没有记笔记的习惯，考试也能考出好成绩，但这只是个别人。

在学习中，语文、政治、生物、化学等学科都需要笔记，有些有代表性的题目，如好的解题方法，也可以摘录下来。总之，一个有头脑的考生必定善于记笔记，经过思考，找到知识的内在联系和新旧知识间的关联，促进知识的正向迁移，并通过归纳化简，使知识经过浓缩有助于记忆。经常做笔记和阅读笔记，是带有总结性的复习，对巩固知识大有裨益。

笔记有深有浅，谁做的笔记也不可能面面俱到。做笔记时可列提纲，把学习内容节录下来；也可把知识的精髓或重要的部分原文摘录。笔记应包括内容大意和重要细节，还应清晰易读。

记笔记是一种学习技能。不过，不论笔记怎么做，一定要在笔记本上标明题目，写明页码，注明来源，并有一个简明的提示，以便在复习时易于查找。

除了笔记外，还可制作学习卡。这种卡片实际是一个可调整次序的活页笔记，它的最大优点是便于携带。

笔记可记多也可记少，多与少取决于教材和个人需要。不要重抄笔记，重抄虽使文本整洁，便于阅读，但重抄一遍会花费较多的时间。借阅他人的笔记由于没有自己的思路，也不是常用的办法。不管怎么说，有笔记的复习比没有笔记要强得多。

36
知识导图

在学习中，画一张知识导图，把所学知识用形象化的手段组织起来，它能总结个人对知识体系的思考方式，并把这种方式记录下来，增强记忆效果。

人脑是由左、右两个半球构成的。左半球是语言、逻辑、数学、顺序和词语的加工系统；右半球是韵律、节奏、音乐、图画、图案和想象的空间辨认系统。可以说，大脑的左半球是“学术性”的，右半球是“形象性”的，两个半球由胼体连接，构成了大脑和谐的工作关系。但是，一般来讲，在学习中强调的是逻辑思维，对形象思维的利用是很不够的，以致人的右脑常处于一种闲置的状态。制作知识导图可以弥补这个不足。知识导图结合大脑左右半球的有关功能，把学习的内容以形象化的方式进行有效的分类，可用于记录和思考，也便于保存在长时记忆中。

由于知识导图同人脑的活动方式相连，所以它有助于人的思维活动，因此，心理学中称知识导图为思维导图。知识导图比记笔记来得容易，它的样式也很多，其中最让人易于接受的样式，是用各种层次的网络模型来表达的。譬如，当我们学完一篇材料，可从头至尾地清理一遍，找出这个材料的主要论点和论据，分析各论点间有什么联系，经过概括归纳，给每个论点加一个关键词，再把这些词语用一个结构加以联结。在这个连接的模型中，把语义知识用点和线连接起来，点表示概念，线表示概念间的联系。知识导图一般是树状的，把“主干”放在中间，周围是带有颜色的“树枝”，再加上表示细节的“树叶”，这棵大树便蔚然挺立。网络的层次愈高，所概括的事物愈多。如果把许多由概念组成的知识画成一览无遗的知识导图，在你的头脑中出现一张“知识网”，那么就把知识的要点、每个概念、各种现象以及原理间的关系，清楚地展现出来，供随时取用。在考试时，就能调用知识导图的结构联想出答案。

制作知识导图的过程，就是记忆的过程，也是用图像的方式对所学知识进行归纳总结，它使原来相对独立的知识点成为有机联系的面。这个总结是由左、右脑共同完成的，既简要地反映了概念间的联系，又有推理的功能。合理地运用知识导图，非常便于记忆。

37 知识导图示例之一

下图是知识导图的示例，这个导图在于反映怎样运用图中的结构来保持概念间的关系。在图中，概念按照从属关系组成网络，网络朝各个方向扩展，当需要提取信息时，就可沿着连接线进行搜索。

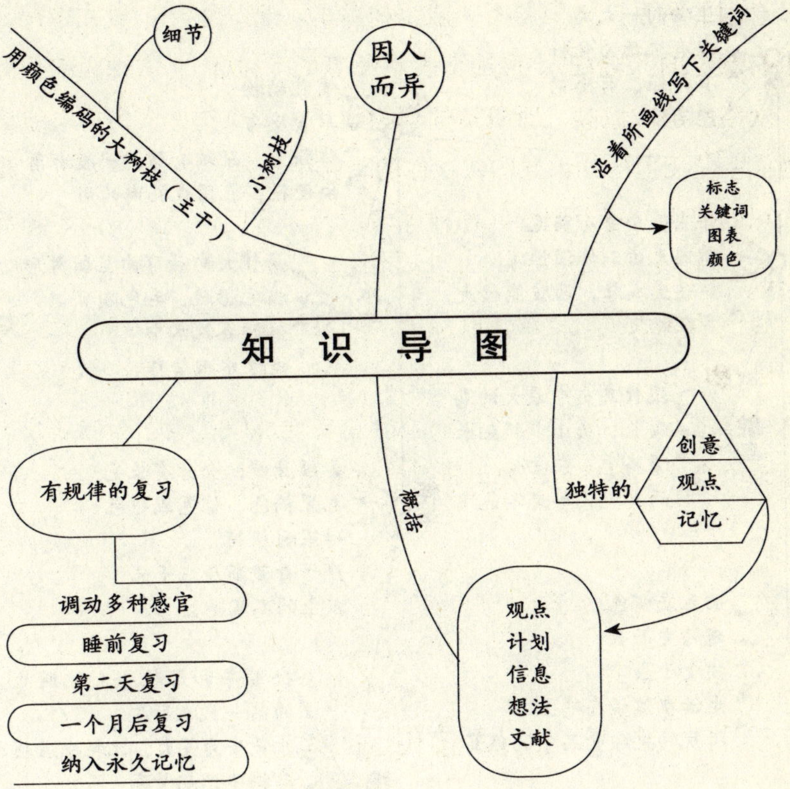

38

知识导图示例之二

下图是知识导图的第二个示例：

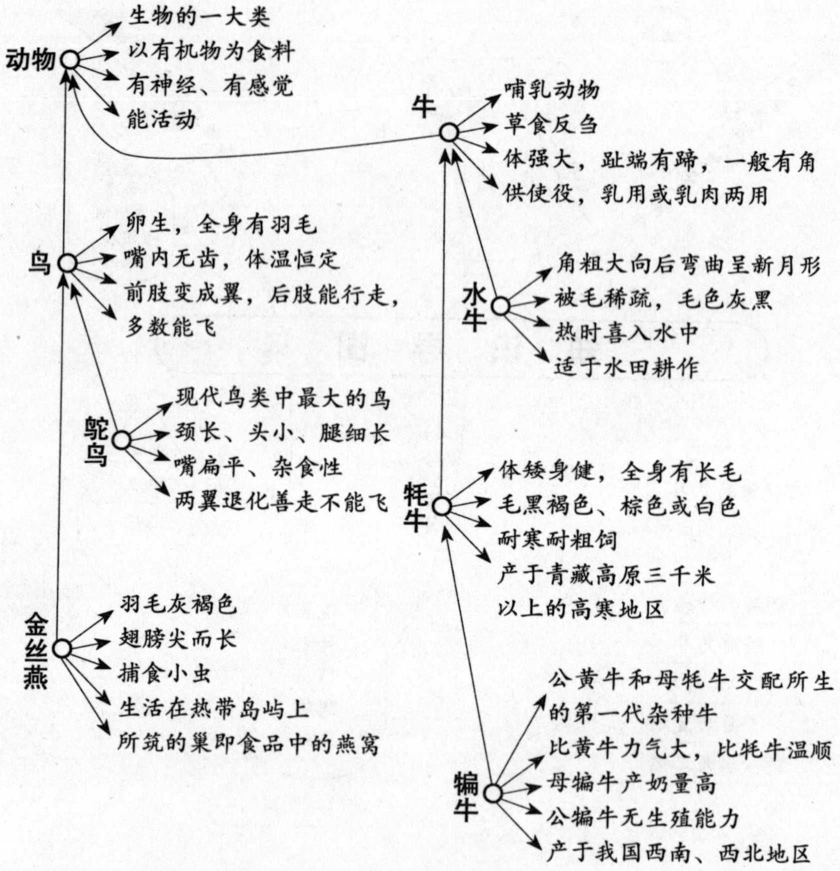
动物
生物的一大类
以有机物为食料
有神经、有感觉
能活动
牛
哺乳动物
草食反刍
体强大，趾端有蹄，一般有角
供使役，乳用或乳肉两用
鸟
卵生，全身有羽毛
嘴内无齿，体温恒定
前肢变成翼，后肢能行走，
多数能飞
水牛
角粗大向后弯曲呈新月形
被毛稀疏，毛色灰黑
热时喜入水中
适于水田耕作
鸵鸟
现代鸟类中最大的鸟
颈长、头小、腿细长
嘴扁平、杂食性
两翼退化善走不能飞
牦牛
体矮身健，全身有长毛
毛黑褐色、棕色或白色
耐寒耐粗饲
产于青藏高原三千米
以上的高寒地区
金丝燕
羽毛灰褐色
翅膀尖而长
捕食小虫
生活在热带岛屿上
所筑的巢即食品中的燕窝
犏牛
公黄牛和母牦牛交配所生
的第一代杂种牛
比黄牛力气大，比牦牛温顺
母犏牛产奶量高
公犏牛无生殖能力
产于我国西南、西北地区

39

知识导图的作用

知识导图的作用

- 将重点用图像表达出来
- 主干突出，看起来清楚
- 能通观概念间的立体联系
- 比记笔记容量大
- 制作速度快，可节省时间
- 自己动手动脑，可加强记忆

40
聚焦图表

在数、理、化课本中，许多概念、定义是借助图表来表达的，因此，看懂并记住这些图表是很重要的。

如果将课本的有关内容由自己制作图表，同样有助于学习。为了制作图表，考生必须积极思维，对材料进行分析，才能获得深刻的理解。所以，在学习了某部分知识后，可自己动手“梳辫子”，制作一份简明易懂的图表。

自己制作图表是强化学习的捷径。图表大体上有三种类型，即掌握知识内在联系的，把整体的各个部分纳入知识系统的，为了弄清一个整体的有序结构的。图表样式虽多，但在制作时却不拘一格，可依照事物的机能、构造、性质、大小、颜色、轻重、存在的场合以及存在的时代等各种情况来分类，每个人都可根据自己对事物的分类标准来自制图表。虽然自制图表的表现力可能不强，但不论水平如何，由于是经过自己思考编制出来的，就是最适合自己的。

41
图表的分类

掌握知识内在联系的图表。这种方法主要是把所学的知识内容的本质特征用类比或对比的方式进行比较，这种图表能帮助学习者准确地辨别识记对象。

把整体的各个部分纳入一定的知识系统的图表。这种方法可引导输入大脑信息的链接，使知识条理化。

为了弄清整体的有序结构，以便在更高层次上认识整体的图表。这种方法有助于建立概念体系。

42

图表示例之一

下面是掌握知识内在联系的图表。例如，在学习了地理中的经、纬线后，可将它们进行对比，进一步强化所学知识：

项目 名称	定义	方向	划分度数	零度线	半球划分
经线	连接南北两极的线	南北	0°—180°	本初子午线	西经20°、东经160°，分东西半球
纬线	与赤道平行的线	东西	0°—90°	赤道	赤道分南北半球

43

图表示例之二

下面是把整体的各个部分纳入一定的知识系统的图表。例如，在学了数学中的四边形后，可用如下系统图对基本概念进行概括：

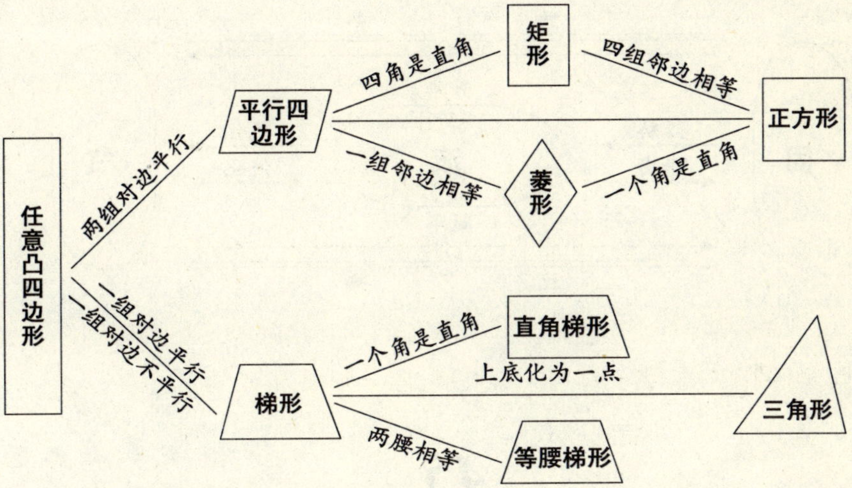

44
图表示例之三

以下是为了弄清整体有序结构的图表。例如，物理中的物态变化，指的是在一定条件下，物质由固体、液体或气体的某一种状态变成另一种状态的过程。物态变化有六种现象：熔解、凝固、汽化、液化、升华、凝华，为了掌握它们内在而有序的结构，可制作一个转换图，用一个简明的程序加以表达：

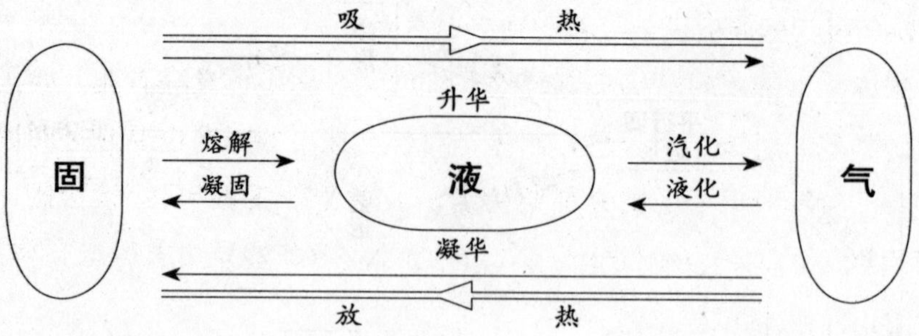

45
系统学习五步法

系统学习五步法是一种值得大力倡导的学习方法。五步法由探察、发问、阅读、复述和复习五个步骤组成。这种方法是由美国俄亥俄州立大学的弗朗西斯·鲁宾逊创立的，相继为美国和欧洲一些国家的学院采用，并被证明是一种卓有成效的读书方法，在国外一些教育学家和心理学家的论著中多有介绍。这种方法以发展思维能力为目标，使有关知识理解和记忆的一些心理原则得到综合应用，在高考复习中是可以借鉴的。

探察是读书的第一步。当打开教材时，应简要地阅读一下前言和目录，阅读书中的小标题、插图的图表等内容，以便对这个材料的结构、难易程度有个大致的了解，留下一个初步的印象。

发问，即自己提出问题。在这个步骤中，一方面要把注意力指向每个章节，把主要内容同自己的已有知识联系起来，记下出现在面前的每个问题。发问的目的是把注意力引向一个章节的主要内容，做到通观明辨。因为，有疑才有问，疑是思考的产物，问是学习的动因，通过有疑并解决了疑，就能促进学习者的独立思考能力。

阅读，指带着问题从头至尾地仔细阅读，切不可走马看花。要了解材料的细节，对重要部分悉心回味，对自己提出的问题也要通过阅读求得解答。阅读时书中的内容都要精读，不能浅尝辄止。可边读边想，还可写眉批，做笔记，画知识导图，写心得，用多种方法求得融会贯通，而后得出简明的结论。

复述，指在阅读一个章节后要掩书而思，回想一下刚刚学过的内容。通过复述检查自己记住了哪些，哪些没记住，然后对那些没有记住的部分再次阅读，如此反复直到熟记为止。复述花费的时间是有回报的，一项研究表明，在阅读中，花 80% 的时间复述的学生，要比用同等时间阅读的学生成绩好得多。

复习是对所学知识的巩固，要定期对学习过的材料进行复习。在复习中要多看自己的笔记，把笔记作为背诵的提示，也可把材料的主要内容涂上颜色或在文字下划线。经过复习、背诵，记住应该记住的内容。

46

复习方法的要求

计划性 使复习有条有理，确定一个符合实际情况的日程表。

目的性 要明确复习什么和要达到的具体目的。

多样性 复习方法不可千篇一律，要针对主客观条件不同而有所变化。

概括性 把学的知识链接起来，加以系统化。

47
解题三步骤

1

审题 审题是为了弄清题目给出的已知条件和隐含条件。要注意题目的文字和符号，不要漏掉任何信息。审题不清最容易出现在内容较长并含有隐蔽条件的题目中，故对于一些带有过程描述或现象描述的题目，要借助形象思维在头脑中产生图像。

2

分析 在审题的基础上，运用已有知识分析已知条件与未知事物间的内在联系，谋求解题方案。

3

操作 依据解题方案，通过叙述或运算，完成解题的全过程。在操作中要认真细致，不要因马虎而丢分。要做到书写规范，卷面整洁，运算快而准确。

48

做题三原则

立足中档题　做习题要明确目的，要立足中档题，因为中档题所占的比例是最大的，习题的难度是逐步提高的。

做习题不要脱离课本，对辅导资料要有选择。

做习题要善于归纳，找出解题思路，以便触类旁通，使自己做对一道，掌握一套。

49
做题要限时

在复习中要多做练习题，只有通过解题训练，才能加深对基础知识的掌握与理解，并为以后的高考加强实力。

怎样选择练习题呢？应选难易程度适合自己实际水平的题目，不能见题就做，题目过易或过难都不好。做题既要注意广度，也要注意深度，应尽量多做中等难度的题，中档题具有一定的综合性，题型也较多，是解题训练的重点。当有了一定基础之后，再适当选做一些高难度的题。

多做题固属必要，但也不是做题越多收效越大，做题除了数量外，提高质量也是很重要的。要通过对每个习题的回顾，努力提高学习效率。回顾的目的就在于及时整理做过的题目，总结同一类型题目的规律，使以后遇到同类题目时能迅速下手。

在考场上，很多考生往往觉得时间不够用，有的考生因时间不够而丢掉了会做的题目。其实，这不是时间真的不够，而是自己解题速度过慢。任何一科考试对应试者都有检验速度的目标，高速解题是应考取胜的一大法宝。在考场上，如何分配答题时间，也是对应试者实力的考查。所以，在复习时就应对解题速度有明确的要求，要根据题目的难易程度限时完成每一道题，就像在考场上答题一样。

如果一道题想了十多分钟还是没有头绪，不如先放一放，留待以后再想。要非常重视速度训练，如果平时解题就有比较快的速度，参加考试时就一定能掌握好答卷的时间。

50
清除盲点

有的考生对试卷中只涉及单个知识点的题目，大部分都可以正确作答，但对综合题却像拿着一个魔方，转来转去，束手无策，这是什么原因呢？

这是由于他在知识上存在盲点，缺乏得心应手的练习所致。知识的盲点像是通道中的一块石头，会把人绊倒。如在高考中遇到这样的顽石，必然会失分。

盲点指的是在学习者的头脑中没有记忆的某方面的知识，遇到它会使人不知所措，而且，与此相关的知识点也像一盘散乱的珠子，没有被串在一起，这种散乱并带有缺口的知识是不能应付考试的。怎样才能解决这个问题呢？最好的办法是熟悉课本，巩固基础。通过多做习题发现盲点所在，然后，把那个盲点变成知识点，并把它串在知识的链条上。这样，就把那块绊脚的石头搬开了，也就是说，下次再走那条路时，就不会被绊倒了。

51
辅导资料不宜多

辅导资料是对教材的扩展，在高考中可助你一臂之力，但也并不是读得越多就越好。因为数本辅导资料的内容虽无太大的差异，但由于作者的观点不同，需要的思考方法也不尽相同。这种五花八门、角度各异的辅导资料，如能调换着阅读，可诱导自己从多方面来思考问题。但是，在一个有限的复习时间里，要详看很多资料是不可能的。故而，辅导资料一定要少而精。

如果你有若干本辅导资料的话，应进行比较，从中选出适用的一两本来，多余的资料只供在必要时查阅之用。在复习中，辅导资料要对照课本来学习，千万不能让辅导资料取代了课本。那种辅导资料一堆、拿来就用的做法有害无益。

要仔细选择辅导资料中的练习题，做到既不放过典型，又不陷入题海。在使用习题时应掌握以下三条原则：

一、针对自己的薄弱环节选题；

二、习题难易要适合自己的水平；

三、所选习题应具有典型意义。

一两本好的辅导资料，可贯穿在你复习的始终。

52 如何选购辅导资料

考生都希望自己拥有好的辅导资料，而一本好的辅导资料应是系统、全面、难度适中、对考纲重点把握准确的。辅导资料是对课本的扩展，既能帮助考生理解教材，又能通过不同角度来拓展思路。特别是在文科复习中，辅导资料的效果更为明显。

书店里的辅导资料很多，但在令人眼花缭乱的辅导资料中，真正实用的却不多，因为有些“秘笈”其实是用既有版本拼装的，缺少新意；有些辅导资料不是按照知识体系编写的，而是按知识块来编写的，同高考中要考查考生掌握知识体系和运用能力的要求大相径庭。总而言之，粗制滥造的辅导资料不少，它们除了误导考生外，根本起不到“辅导”的作用。

怎样选购合适的辅导资料呢？一是看版本，要选择出版日期临近的，而不要买那种老版的；二是要选择由知名出版社出版、由专家执笔的。不过，这里要注意，社会上凡以“高考命题教师”身份出的辅导资料都是假货，因为高考命题教师是不允许透露身份的；三是看内容，必须要对课本有补充，按知识体系编排，有课本上没有的例文、例题和练习题，并附有参考答案的；四是打开书页，寻找自己最困惑和不懂的部分，看它的解释是否为自己所理解，叙述是不是脉络分明和简约易懂，对自己有无帮助；最后，最好征求一下任课教师的意见，看看这本辅导资料到底有没有用。

总之，市场上的辅导资料良莠不齐，而且，每种资料都只面对一定的对象，即便是评价很高的，也未必适合每个考生。如果某本书在前言中声明，它适合所有的人，能让各层次考生的成绩都得到大幅度提高的话，你就不要买它，因为那是骗人的话。

考生一定要选择切合自己知识水平、在深度与广度两方面都能使个人接受的辅导资料。

53
正确对待模考成绩

毕业生在复习期间，会参加几次有组织的模拟考试（简称“模考”）。模考的目的，是让考生置身于一个贴近高考的情境中，培养其心理适应度，在此基础上，检测考生掌握知识和运用知识的状况。模考虽非正式考试，但它是通过考试说明来命题的，有一定的可信度与预测性。

模考对考生起着指导作用，其成绩指明了复习的主攻方向，参加模考应具备参加正规考试一样的心态，不放过每次训练的机会。此外，考生也可自选若干份近几年各省、市的考卷来提高自己，每天做一科完整的试卷，比如今天做数学，明天做语文，后天做英语，这样能对自己的整体水平有一个检验。

模考成绩被视为高考成绩的参照，但模考毕竟不是高考，对模考成绩不可过喜或过忧。在几次模考中成绩有起伏，是一种正常的现象。模考分数低，正暴露了复习中的漏洞之所在，是一桩好事，与其说是错误，不如说是经验，正确的做法应是从容面对现实，认真总结，重新安排计划。只有自诩聪明的考生才不想从模考中吸取教训，把模考试卷当废纸扔掉。所以，模考以后的“放松”和“放弃”都是不对的，要弄清哪些题错了，错在何处，为什么会错，找到自己的薄弱环节。因此，考生一定要认真分析自己的模考，检查错题中有哪些概念不清晰，哪些重点还没掌握，审题和计算能力是否达到应有的水平。

模考中的失误是学习中的正常现象，经过一次偏差，会使下次做得更好，错误只有在累犯时才是真正的错误。千万不要因模考成绩不理想而紧张，而应把模考成绩看成是一个新的学习的开始，继续努力，使自己向更高的层次迈进。

54 用模考成绩定位

模考按照正规考试的题型、题量、分值分布和同等难度出题，考生通过模拟训练，可适应和把握高考的节奏，检测自己的应试能力，提高应试技巧。从这个角度讲，模考是高考前的实战演习。

模考成绩可作为填报志愿的参考，如有两次模考，它的权数各半分配；如有三次模考，第一次、第二次和第三次模考的权数可按 25%、25% 和 50% 分配。如一位考生在三次模考中的分数为 570 分、580 分和 590 分，其加权数则为 570×25% ＋ 580×25% ＋ 590×50% ＝ 582.5 分，另外，加上后期复习可能增长的分数，如加入 25 分，那么，就可以认为，在相同难度的考卷中，该考生的高考成绩为 607.5。不过，单纯用模考分数估计高考分数并不十分准确，最好是用排名来做参考。第一次模考后就整理一份本校排名表，把自己在这个表中排位。因为当年大部分高校的招生计划没有太大的变动，考生所在中学的教学质量也无太大变化，所以，上线的人数和考入某大学的人数也基本是稳定的。譬如，某中学每年有十名学生考入某所大学，而你排名在上年相同的位置，那么你就有把握报考这所高校。

55
填报志愿

高考网上报名时间大约在元月。应届毕业生到本校所在区、县指定地点确认报名资格，社会报考者原则上在户口所在街道和乡镇，在职职工在本单位所在区县招办确认。五月上旬考生第一次填报提前批次，本科一、二、三批和艺术类，高职院校志愿；第二次于七月下旬填报专科批次录取院校的志愿。

考生填报志愿要与高考分数相对应，总的原则是低分选专业，高分选学校，考生根据排位与预期分数，选择相应的录取批次。应十分注意的是，每年都有一些考生因志愿报得不合适而成为高分落榜生。

在高考中，处于中间分数段的考生数量最多，竞争也最激烈。这部分考生千万别为名校牵制，心中大体上要有一个打算，即自己将来要干什么，首先选择一个理想的专业，然后再报一个比自己实力略高一点的高校。

一般来说，名牌大学以及学校地理位置好、专业就业前景也看好的院校，录取线偏高；而知名度不高以及地理位置差、专业的就业条件差的院校，录取线较低。这两类院校再加上介于中间状态的院校，便显示出高、中、低三种不同的录取档次。

考生的第一志愿只能填报一所院校，以“按志愿从高分到低分”的投档方式由招生学校审查录取。第二志愿可填报三所院校，三个志愿采取平行的顺序关系，以“按分数优先，从高分到低分，依志愿次序一次性投挡的方式由招生院校审查录取。

北京和上海进行了填报志愿的改革，2008 年实行“平行志愿投档”。它的最大变化是将原来志愿优先的原则改为考试成绩优先的原则。平行志愿一次录取率可达 90% 以上。在此之前，湖南、浙江、江苏已对高考“平行志愿”进行了试点改革。

新的志愿填报方式兼顾分数和志愿，增加了考生被录取的概率。填报志愿要注意两个原则，即第一志愿不报高，第二志愿有梯度。

56
填报志愿的资料

填报志愿是一件令高考考生和家长们极为头疼的问题，也是一个非常关键的问题。在填报志愿之前，我们首先要搜集一些相关资料，作为填报志愿的指南。

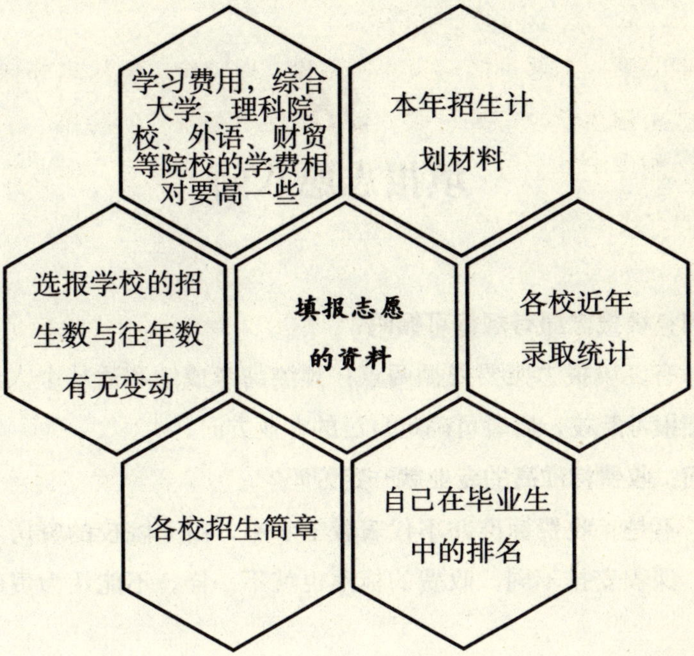

57
网上报名

高考报名在网上分两次进行。第一次在元月上旬报考，分全国统考及高职单独招生考试两种，第二次是填报专科批次录取院校的志愿。考生可拨打声讯电话查询。

网上报名不补报、不更改，应保管好密码。当年高等教育招生数大约在元月中旬公布。

58
填报志愿八问

一问：填报志愿有规律可循吗？

答：有。填报志愿要遵循两点：预测高考成绩和适从个人潜能。前者可圈定报考院校，后者可确定自己的专业方向。

二问：收费标准高的专业就一定好吗？

答：不是。收费标准并不代表教学水平，由于院校的资历不同，专业不同、课程安排不同，收费的标准也就不一样。不能认为贵的就一定好。

三问：怎样避开对专业望文生义的误区？

答：近年来，加入改名行列的高校越来越多。不可否认，一些高校的专业更名具有功利目的。常见的专业和院校名称，如资源环境学院，城市与资源学院，其前身是地理系；信息计算科学学院，数学与计算科学学院，其前身是数学系或应用数学系；地球资源与信息学院，其前身是地质系；能源与安全工程学院，其前身是采矿系；信息管理学院，其前身是图书馆系。又如，无绘画基础者不宜报城市规划及工业造型设计专业，国际贸易专业要求英语口试及自身形象俱佳，计算机专业要求数学、英语成绩好，而新闻专业则对语文能力要求偏高等等。

望文生义是由于掌握的信息不足造成的，如果想要避开望文生义的误区，就应搜集有关院校的专业信息，仔细查找相关资料，了解该校的历史。有些望文生义则是由于搞不清专业的性质造成的，如建筑专业，许多人把这个专业与土木系搞混了，其实，并非数学好就可进入建筑专业，建筑学是偏艺术类的。

四问：考生要不要填报高职和大专院校？

答：读一所重点大学，选一个理想专业，是每个考生的愿望。但我们不得不面对一个事实，对于许多考生来说，选择一所“非著名学校”就读，是符合实际情况的。

分数低的考生虽然上了线，但成绩处于下游，填报志愿时可选报那些历年来上线情况基本持平或生源不足的院校，以避开竞争压力。当然，也可填报高职或大专院校。

五问：填报志愿是否可考虑院校有无降分录取的因素？

答：某个院校是否降分录取，每年是不一样的，只能在录取后才见分晓。所以，考生还是应根据自己的实力，切合实际地填报志愿，不要考虑其他因素。

六问：填报几所院校应如何拉开档次？

答：高考录取分数线有学校录取线和专业录取线之分，这两条线的差别可能有五六十分之多。填报志愿有两种办法：第一种办法是，一本志愿可填报稍高一点，在填报二本志愿时则采取保底策略，避免一本一旦不能如愿，又因二本志愿过高而落选。第二种办法是，如一本填报的是自己较有把握的学校，那么二本可填报较高的专业，这样做，即便一本不保，二本差距也不太大。

七问：如何选择冷、热专业？

答：专业的“冷”与“热”，是由于报名人数不同、竞争不同而形成的。考生有一种凭分数填报志愿的倾向，高分报“热门”，低分碰运气，于是出现了“专业热”。但从就业方面看，几年后，热门专业的就业不一定热，冷门专业的就业也不见得冷。而且，由于盲目赶“热门”，有可能会失去升学良机。所以，考生还是应根据自己的兴趣、特长、性格特点来综合考虑选择专业，不能一味看重热门专业。

八问：什么是电子档案？

答：电子档案是高校录取新生的依据。考生电子档案内容包括考生的报名、体检信息、志愿、成绩信息和考生参加国家教育考试的诚信纪录五个部分。

59 热点答疑

一、什么叫第一志愿？

答：高考报名时有三个志愿供考生选择，其中第一志愿最重要。因为在同一批次里，高校必须按志愿顺序录取。如考生的分数未达到第一志愿学校的录取分数线，或是虽达到录取分数线而专业已录满被退档的，才有可能被另一所高校在第二志愿中择优录取。

二、什么叫志愿梯度？

答：梯度是指在各批次内拉开的“档次”。如作为第一志愿报考一些冷门，录取的可能性要大些。如果第一志愿报考知名学校，第二志愿则可报一般院校。为避免落选，考生还要选择适当的院校作为保底志愿。切不可把志愿全部集中到沿海发达城市，而要放眼“东西南北”。

三、各批次录取分数线是怎么制定的？

答：各批次录取分数线是根据本省、本市的招生计划和考生的考试成绩测算出来的。由于每年的招生计划数不同，考生人数和考试成绩不同，所以，各批次分数线年年不同。分数线一经确定，就会严格执行。

四、第一批录取院校若退档晚了，会不会影响第二批录取？

答：在录取工作中，每批次都有录取控制分数线，考生档案由省、市招办统一投放，各校退档都有具体的时间要求。第一批录取院校退档完毕后，才开始第二批录取院校的投档，不可能出现第一批退档晚了而影响第二批录取的问题。

五、在艺术院校的录取中，是文化分重要还是专业分重要？

答：艺术院校招生时，根据当年招生计划人数和考生成绩及专业成绩情况，划分两条控制分数线，即文化成绩分数线和专业成绩分数线。在进入这两条分数线以后，应该说专业成绩比较重要。

六、往届生录取是否受限制？

答：除军事院校、国际关系学院、民用航空学院运输飞机驾驶专业等不招收往届生外，其他院校对往届生一视同仁。

七、贫困生入学能得到什么资助？

答：国家助学金用于资助家庭困难的全日制本、专科学生，在校贫困生都可申请。助学金每年按十个月逐月发放。申请国家助学金的贫困生可同时申请和获得国家奖学金或国家励志奖学金。学校设有绿色通道，贫困学生可全部获得资助。

从2007年起，重庆、甘肃、陕西、湖北、江苏五省市试点生源地信用助学贷款。凡国家批准的普通本科高校、高职，包括民办高校和独立学院，在校生和新录取的学生都可作为借款人申请，直接在家庭所在地贷款。学生在校期间的利息由国家财政予以补贴，学生毕业后，由借款人按年度偿还。最长十四年还贷。

八、家庭经济一般的考生，如何选择专业？

答：如果考生的家庭经济水平很一般，在填报志愿时可报考免费或收费不高的专业，要了解这所学校贷学金和奖学金发放的情况，以及当地物价情况与往返交通费用等情况。

60 学校与理想专业能否兼得

进入名牌学校学习理想专业，是考生向往的事情。在填报志愿时，学校和专业能够兼顾吗？

当前在人才市场上有一种倾向，即用人单位越来越看重大学生的毕业学校，一些名牌大学的毕业生往往可优先录用，但这并不是说考生就可以忽视专业了。就实际情况而言，一些专业的就业形势要比另外一些专业好得多。

如何才能使向往的学校与专业兼而得之呢？答案只有一个：考出尽可能高的分数。

对于考分很高的考生而言，只要身体等条件没有问题，报考的自由度是较大的，学校与专业都会如愿以偿。

对于考试成绩中上水平的考生，学校与专业二者有可能只得其一，或者考上一所名牌大学，但不会被分数线高的专业录取；或者把专业作为第一要素考虑，被一般院校录取。

对于成绩一般的考生而言，由于他们的分数不高，名牌大学与热门专业可能皆无希望，只能进入一所普通大学的普通专业。如选择冷门专业，成功的机会要大一些。

如果由于成绩的原因学校与专业无法兼顾时，就应果断地把重点放在专业的选择上。要根据自己的志向、爱好和社会需求来选择自己的专业。

填报志愿总的原则是高分选学校，低分选专业。

61
附录一："紧张状态"理论

有这样一个心理实验：让一组人坐在舒适的椅子上，半仰着身子读书，另一组人坐在硬板凳上从事紧张的演算。过一段时间后，前一组人很快就困倦了，他们昏昏欲睡，而后一组人依然亢奋，他们的精神状态比前一组人好得多。

心理学家把这种情形概括为"紧张状态"理论。这个理论认为，人只有在适度的"紧张状态"下才能行使某些行为，达成自己的目标。

62
附录二：尝试回忆的心理实验

心理学家把应试者分为两组，让他们同时看一篇短文，甲组用全部时间反复阅读，乙组则采用阅读和尝试回忆相结合的方法，然后进行测验，并在间隔四小时后再进行一次实验。

结果是：

一、全部时间用于阅读的甲组，即时测验能记住材料的35%，四小时后可记住16%；而把五分之三的时间用于尝试回忆的乙组即时测验能记住材料的42%，四小时后可记住26%。

二、如果只用五分之一的时间进行尝试回忆，即时测验能记住材料的 37%，四小时后可记住 19%。

结论：在阅读时间内，用于尝试回忆的时间越多，记忆的成绩越好。

63

附录三：学习动机的功能

引发　正确的动机能引起人的愿望，推动人们去从事有目的的学习活动。

指向　由正确动机推动的学习，能牢固地指向特定的学习对象。

调整　在正确动机的调控下，学习可沿着预定目标向前发展，达到预期的目标。

激励 正确的动机对学习者富有良好的激励作用，能帮助他们有效地克服不良影响。

64
附录四：SQ3R

SQ3R 是由美国俄亥俄州立大学弗朗西斯·鲁宾逊提出，并已在国外流行了很长时间的一种读书方法。鲁宾逊在 1946 年出版了《高效学习方法》一书，书中介绍的读书方法被概括为五个步骤，分别是 Survey（纵览）、Question（发问）、Read（阅读）、Recite（复述）和 Review（复习），简称为 SQ3R，也可称为系统学习五步法。

这种五步式的读书法，相继为美国和欧洲许多国家的学校使用，并被证明是卓有成效的学习方法。他们认为，这种读书方法符合人们的思维规律，有助于理解和记忆，是一种富有技巧性的读书方法。

65

附录五：座右铭一束

- 世上无难事，只要肯攀登
- 业精于勤荒于嬉
- 天生我才必有用
- 胜利属于最有毅力的人
- 知识改变命运
- 毅力是永恒的享受
- 顽强的毅力可以征服世界上任何一座高峰
- 终身努力便成天才
- 勤奋就会有所得
- 理想是人生的太阳
- 一寸光阴一寸金，寸金难买寸光阴
- 千里之行始于足下
- 想到就要做到
- 预测未来的办法是创造未来
- 最后的胜利属于我
- 恒心已定，自强不息
- 人能学则贵
- 有志者事竟成
- 书山有路勤为径，学海无涯苦作舟
- 锲而不舍，金石可镂

- I think l can
- 抓住机会，百折不挠
- 自己的命运自己创造
- 机不可失，时不再来
- 关键时刻，奋力拼搏
- 人贵有志，学贵有恒

高考早知道

Gao kao zao zhi dao

考前 II

66 环境与学习

环境能影响学习，这是不言而喻的。如果一个房间干净整洁，通风良好，光线充足，人一进去就会觉得心情愉快，在这种环境里，学习效果肯定会好。但什么样的环境是理想的环境，却难以等量齐观。譬如，有的人需要明亮的光线，有人喜欢黯淡的灯光；有人需要安静，另一些人则对舒缓的乐声有良好的反应，等等。但人们对学习环境的要求也有一致的地方，每个人都喜欢处在一个窗明几净的环境中，对肮脏恶浊没有好感。

一个好的学习环境大体应具备以下条件：

◆ 良好的通风

◆ 尽可能地使用自然光

◆ 没有刺目的色彩

◆ 没有噪音和吵闹声

◆ 合适的桌椅

◆ 有序的房间布置

◆ 可有一些点缀，如摆放自己喜爱的花草

能在一个专门设置的环境中复习的考生恐怕为数不多，不过，至少他要有属于自己的一个角落。可以肯定的一点是，虽然声音、光线、温度、座位以及身体的姿势都属于环境的范畴，但环境并非学习的决定因素。环境对学习虽有影响，但只要环境不是过于恶劣，对学习就不会有太大的妨碍。因为，人除了具备适应优良环境的特性外，也有克服较差环境的能力，学习者对于环境并没有苛求。譬如，有的人在地铁车厢里可以聚精会神地看书，有的人在人行道上能边走路边思考。由此可见，学习环境的好坏并不是决定功课好坏的必然因素，但是，不管怎么说，良好的环境对学习的效果还是有一定的影响，我们还是要尽可能地为自己创造一个舒适的学习环境。

67 氧气与光线

复习的地方除需要干净整洁外，还应注意通风和采光。

大脑对氧气十分敏感，若学习地点通风状况不好，会导致空气中的氧气减少，此时人就会觉得头昏乏力，记忆力也会减退。良好的呼吸能使人精力充沛，所以在学习时，应尽可能地打开窗户，每学习一段时间后要做几次深呼吸，并安排一定的时间到室外活动。

光线对人也很重要，照明度对学习有直接的影响。长时间光线过强或过弱，尤其是在闪烁的灯光下，会使人视力疲劳。在使用电脑时，不要让强光射在屏幕上。光线刺眼不是小问题，学习时采光一定要柔和且分散均匀，白天以自然光为好，晚上用台灯右侧照明最为理想。台灯照明可使人注意力集中在桌面上，不会分散到台灯照明以外的光亮较暗的地方。同时也应注意桌面上的光线与书桌四周的光线不可有太大的反差，因为不协调的光线分布会导致困倦。灯罩以浅绿色或黄、白两色为好，不要用红色和紫色，因为在红光或紫光笼罩下，会使人视线朦胧，懒洋洋地无精打采。

68
噪声与乐声

无论在什么情况下，人都厌恶噪音，安静的环境总比吵闹的环境有助于学习。当身边的音响在四十分贝以下时，人不会有什么感觉，但当音响超过九十分贝时，人就会焦躁不安。有时外界声音并不很强却杂乱无章，也会使人心烦意乱。总之，噪音能影响人的精神状态，使注意力难以集中。在一个嘈杂的环境中，人会心急火燎缺乏耐心，在这种情况下，就不可能安心学习了。

在学习中能否采用乐声作背景的问题，在学术界尚有争议，但使用适合的音乐可营造恬静的气氛则是毫无疑义的。如医学治疗中有音乐疗法，在咖啡厅等休闲场所，背景音乐可渲染环境的幽雅。如果在学习中调入乐声的目的是帮助学习者保持注意力，那么如行云流水般节奏缓慢的曲调，可能会有这个作用。适度的音量及悦耳的乐声，对一些人来说有助于研读，因此，古典音乐应是一种好的催化剂，但带有歌词的快节奏乐声，肯定是不合适的。故而，在背景音乐中，节奏缓慢的乐曲能创造安详柔和的氛围，节奏强烈带有歌词的音乐，则会因诱听而导致注意力分散。

由于对音乐的品味不同，背景音乐对有的人可起到促进学习的作用，对有的人则相反，因此不可一概而论，应该根据自己的实际情况来决定。

69
在家里

考前复习时间有限，除学校外，最好是在自己家里复习。假如到别的地方去学习，如去图书馆、大学教室等，走路便会消耗一些时间，若走得远一些，那就更是得不偿失了。

在家里复习不需要很大的空间，因为在一个过于宽敞的场所，注意力不易集中，而在一个狭小的场所，反而容易全神贯注。对大多数人来讲，能使人精力集中的地方，常是和外界有隔离的一个隐蔽角落。你家里若有一个面积两三平方米的阳台或阁楼，尽管里面堆积着杂物，仍能产生这种效果，使你在这个僻境专心致志地学习。

如果你容易分心，就把与学习无关的东西统统拿掉，只把需要的东西放在桌上，如教材、辅导资料、笔记本、词典、电脑软盘以及其他学习用具，这些东西应放置有序，以免在使用时到处乱找。不过，有的人虽然桌面上凌乱，但学习效率并不低，这方面也是因人而异的。

70
在群体中

在家里复习虽有许多好处，但若是缺乏自控力，或有别的什么原因，走出家门也未尝不可。

模考成绩的变化，会使一些同学的情绪受到影响，但不管如何竞争，都应以一颗豁达的心来对待自己和他人。复习虽很紧张，但不应停止同学间的交流。如果几个相知的同学组成一个学习组，在这个群体中学习会使人紧张起来。在这个群体中争论探讨，往往比与老师的交流更易得到提高。

选择成员是很重要的，几个成绩相近的同学在一起切磋，在暗中“较劲”，你追我赶，这个群体一定会携手并进。但是不要让群体的活动妨碍了个人的学习计划，学习小组是复习的一个方面，要给群体和个人各自安排一个日程表。

图书馆也是个学习的好地方，这里的学习气氛很浓，也无人干扰，只是在复习期间常常会爆满，既不容易找到座位，空气质量也不好。另外，到其他的场所，如同学家或公园的某个僻静地点，也不失为潜心攻读的好去处。

71
关于记忆

记忆是一门科学，也是一种技能。大脑大约由一千多亿个神经细胞组成，每个神经细胞可长出多达两万个树枝状的树突，大脑细胞就像是一台高功率的电脑，通过树突传送电化信息，与其他细胞相连。大脑细胞所能连接的信息数目，也许比宇宙中的原子数还要多，因此，人脑的潜力是无穷的。但是，科学研究表明，被人使用的脑细胞，还不足大脑潜力的百分之一。大脑就像是一个沉睡的巨人。

顾名思义，记和忆是一个不可分割的整体，记是前提，忆是验证，记与忆的结合组成了信息入脑的完整过程。如果根本就没有记住，或在需要时无论如何也想不起曾经识记过的材料，这种识记显然是不合格的，所以，一些必须记忆的东西必须记牢。一个考生的高考成绩，在很大程度上取决于他的记忆能力，考卷中的所有问题，都要从他大脑的记忆库中提取信息，进行整合后找到答案。那些获得高分的考生，记忆力自然是不差的。

人的记忆能力是可改善的，特别是在青少年时期，大脑神经细胞的可塑性更强。谁掌握了记忆方法，谁就能复习得更好。学会一种记忆方法，比学唱一首歌要容易得多。记忆没有魔法，绝无奥秘可言，但它需要一定的技巧，本书中讲到的一些记忆方法，可以供同学们参考。

72
大脑的用进退废

人的脑重虽只有体重的四十几分之一，但它对氧气的消耗量却占到全身用氧的四分之一。在安静的状态下，脑部的血流量相当于心脏排出血量的五分之一。在记忆活动中，会有较多的血液流到大脑，脑细胞工作时比肌肉细胞工作时需要的血液要多十五倍到二十倍。因为大脑需要大量的葡萄糖，大脑中的葡萄糖是通过血液流动输送的，所以，记忆活动会给人带来生理上的消耗。脑力活动消耗了的能量物质，必须获得及时的补充。

蛋白质对脑神经很重要，而铁、钠、钾等元素也是大脑所必需的。某些维生素、谷氨酸、磷化合物之类的药物对强壮脑的功能也有补益，但在一般饮食条件下，大脑不会缺乏营养，那种指望靠滋补增进脑力的观点并不可取。离开了勤奋，也就是说，离开了脑细胞的经常性的活动，任何药物对提高记忆力都没有效果。生物进化过程中“用进退废”的规律同样适用于脑部。在富有激励因素的环境中，人脑会变得更机敏；如果很少接受刺激，人脑就会向笨拙迟钝的方向倒退。所以，要保持良好的记忆力，最根本的办法是孜孜不倦地学习。要让大脑的功能好，就务必去调动它、使用它、经常给它输入新的信息。大脑接受的信息愈多，内容愈充实，脑细胞的分化发育也就愈完善，这就是平常所说的脑子越用越灵。如果对事物漫不经心或浅尝辄止，就会导致大脑反应迟钝，造成记忆力的衰退。

73
多种感官传输

在学习中，通过眼、耳、口、手等多种感官在同一时间内共同参与，进行综合性的信息传输，可收到强化记忆的效果。

单凭耳听记住的东西，不如眼看记住的多，而只凭眼看记住的东西，又远远不如看和听同时并举的效果好。比如，记一个英语单词，不仅看到它，念出和听到它的声音，还要把它写在纸上。这时，进入大脑的信息有的通过视觉途径、有的通过听觉途径、有的通过动觉途径，使大脑皮层的视觉区、听觉区、运动区、语言区同时兴奋起来，它们之间又建立起多种通道联系。联系的通道多了，在大脑中留下的记忆痕迹自然会深刻而牢固，比单纯看或单纯地听记忆效果要好得多。

当我们把大脑的许多功能连接起来时，就能记得更快、更好。心理学家反复实验证明，人通过视觉获得的信息只能记住25%，通过听觉获得的信息只能记住15%，若把视和听同时运用起来，就能记住65%的信息。

74

不要急于求成

在复习中，人人都想用较短的时间记住较多的资料。急于求成是一种通病，但这种愿望往往欲速而不达。

譬如，你用五分钟时间记住了七个英语单词，就认为如连续学习一小时，能记住八十四个，那就错了。心理学家做过这样的实验：选择若干受试者，让他们一次学习一百个字的材料达到背诵，需九分钟；让他们一次学习二百字的材料达到背诵，平均每百字需十二分钟；若让他们一次学习一千字的材料达到背诵，平均每百字则需十六分钟。这个实验说明，一次学习的材料越长，识记所用的平均时间也越多。

为什么操之过急的识记会事倍功半呢？这是因为，要在一个短时间内识记大量的材料，必须提高对大脑刺激的强度，而我们或是达不到这种强度，或是因为脑神经细胞消耗加快，产生疲劳抑制了细胞的活动，都会使识记的效率降低。

由此看来，要想在一个短时间里连续记住很多材料，是违背记忆规律的。那种不讲进退勉为其难的做法，是收不到效果的。

75
单调的重复催人入睡

“重复是学习之母”，这话一点也不错，因为只有重复才能防止遗忘。但重复绝不是简单的重复，没有任何变化的重复会使复习变得枯燥，让人困倦，降低记忆效果。所以，重复并不是次数越多越好。

有的考生在复习中不辞劳苦，一遍又一遍地读，一遍又一遍地背，时间不长就疲惫不堪，但他并没有睡眠不足的情况。这是什么原因呢？这是由于单调刺激反复作用于脑部，使他的脑神经细胞能量消耗加快，从兴奋转入抑制，当抑制达到一定程序后，就必然进入昏沉欲睡的状态。

由此看来，那种以机械重复为特征的复习，会妨碍大脑的正常活动，在单调的重复中，哪怕重复的次数再多，也达不到牢记的日的。

为了防止复习枯燥应十分注意复习的方法，如在英语中，学习了Book（书）这个单词，在复习时，不一定千篇一律地照抄、照背若干遍，最好的办法莫过于通过词组和句子来巩固。比如把Book这个词，分别和Case（盒子）、Shop（店铺）、Mark（记号）、Worm(虫子）等词结合起来，构成书架、书店、书签、书呆子等新的词，或构成a nice book, a long book等短句，使book这个词在新的情境中反复重现，并在每次重现中渗入一些新的成分。这种复习方法，要比把book这个词单调地重复若干遍的效果好得多。

76
饥饿使记忆力下降

人的生理变化有时会对记忆产生干扰，如饥饿就会使人的记忆力下降。

大脑消耗的能量要占全身耗能量的18%，其中大部分是通过血液输送的葡萄糖，而且要依赖血液不断地输送。因此，大脑对血流量十分敏感。人在饥饿时，由于大脑缺血，会觉得自己好像腾云驾雾一样，出现头昏、眼花、乏力等症状，人的记忆力也随之下降。有时，由于喝水不够，特别是在炎热的天气里，在口干舌燥的情况下，记忆力也会受阻。

需要指出的是，有的考生习惯不吃早饭，他在一个上午都处于饥饿状态中，体内的血糖必定低于正常值。在一个上午的大好时光中，虽然辛苦劳神，但记忆效率并不高。

千万不要饿着肚子学习，消除饥饿的办法很简单：

◆ 吃早餐，而且要吃好
◆ 经常喝水，不要等觉得渴的时候再喝
◆ 如果觉得饿了，可先吃些零食垫补一下

77
理解与牢记

理解了的东西作为输入大脑的信息是有条理的，容易同大脑中已有的经验结成信息链。理解的过程是对信息加工的过程，所以，理解越深，记忆的效果越好。

举例来说，物理学中运动的形式多种多样，但只要掌握了“牛顿定律”，形形色色的形式就变成了相同的问题。运动的形态繁多，有匀速直线运动、匀变速直线运动、自由落体运动、竖直上抛运动、平抛运动、匀速圆周运动和简谐振动等等，但从运动学的角度观察，他们的区别归结到一点，仅在于加速运动和初始状态的不同；又如在化学中，有机化合物虽结构复杂，导构体多，反应条件要求高，但有机物的分子结构特别是官能团跟它的性质、制法和用途之间都有密切的联系，有机物的同分异构体有一定的衍变关系。所以，在复习中注重掌握事物的规律性，就能把所学知识通盘理解，化难为易，有效地提高记忆水平。

对识记材料理解越深记忆效果越好，对所有学科都是适用的。不论记忆什么材料，若能掌握其内在的联系并加以理解，记忆效果一定会好。

善于记忆的人，不仅能把书中的内容变成自己的语言，而且还能通过理解将其简缩，摘出主要部分，就像书中的目录一样。

78
记忆的分类编码

大脑的长时记忆是变动的。随着新信息不断输入，新信息同原有信息发生多向链接，便组成了更简练、更概括、功能更强、层次更高的新的信息。所以，为了使记忆获得好的效果，应有意识地对输入大脑的信息进行分类编码，在大脑中构成无数信息之链。

使大脑信息系统化，是一种高效的记忆方法。把相关的材料放在一起有系统地记忆，比孤立地记忆某个材料要容易得多。如学了 life（生命）这个英语单词后，很容易学会 lifeless（无生命的）、lifedelt（救生圈）、lifeline（生命线）等单词，这是因为，此时大脑的任务只需把有关的信息联结在一起，进行分类编码。

为了对输入大脑的信息进行有效的分类编码，我们在看完一段材料后，应从头至尾进行清理，找出这个材料的主要论点及阐明论点的论据，各个论点间有什么联系，然后给这个论点加一个关键词，再由这些词构成一串浓缩的信息脉络，使输入大脑的信息链接在一起。

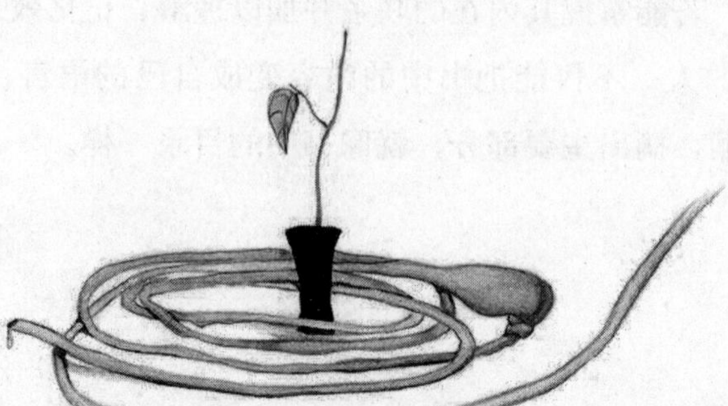

79
序列位置效应

当我们识记一个系列的材料时，对材料的前、中、后三个不同位置上的内容会有不同的记忆深度，即两头记得比较牢，中间部分特别是中间偏后部分的记忆效果比较差。这种现象，在心理学中叫做“序列位置效应”。

美国心理学家贺布兰特做过这样的实验，他将十二个毫无联系的词排列起来，让一些受试者识记。实验的结果表明，错误率最低的是第一个词，越往后错误率越高，到第七、八个词时错误最多，此后就开始减少，第十二个词的错误率略高于第一个词，和第二个词的情况差不多。他把这种现象称为“记忆的序列位置效果”。

在心理学中，起始部分的较优回忆成绩称为首因效应，结尾部分的较优回忆成绩称为近因效应，在一个序列材料的中间部分遗忘率高，是因为材料的中间部分同时受到前摄抑制和倒摄抑制两个方向的干扰。故而，当我们识记一个序列材料时，应特别注意材料的中间部分，对这部分要增加背记的次数，也可采用分段学习的方法，多次间隔，以增加无数个开头与结尾。另外，在复习时，可改变材料的顺序，进行从尾到头、从中间往前或从中间往后的调整，不一定非要从头到尾的学习。这样就能大大减少序列位置效应的负面影响。

80
在联想中回忆

输入大脑的信息以网络的形式在脑中存在，所以，在回忆某一事物时，会连带想起与该事物相关的其他事物，如听到雷声，就会想到下雨，看到湖泊，就会想到鱼。我们正是通过联想来回忆的。

在人的思维活动中，使不同概念互相联系，并从中引出新结论的能力，就是联想能力。客观事物虽然庞杂，但互相之间是有联系的，正所谓“城门失火，殃及池鱼”。它们有的接近、有的相似、有的互为因果、有的对比分明。这种具有各种联系的事物反映到人的大脑中，就形成了接近联想、相似联想、因果联想和对比联想。另外，人们对空间位置，特别是垂直、上下、左右等空间，具有很强的记忆力，会在无意中把某个事物用空间位置铭刻于脑，如课本中的标题以及涂色、画线都能成为回忆的线索。当我们在回忆某个论述时，只要能想起这段文字在书中的哪个部分或是在哪种环境下识记的，就有可能回想起所要回忆的内容。

联想记忆的方法是与死记硬背相对的。死记硬背不能有效地建立大脑的神经联系，既不便于长期保持，也不便于回忆。如果你想记住什么，你要做的就是将它与已知的东西联系起来。一切知识都不是单凭死记硬背就能记住的，而要依靠联想得到巩固。

81

防止材料自身对记忆的干扰

一、不要在同一时间内去识记内容相近的材料；

二、在对一种材料进行识记活动后，要有短时间的休息；

三、在进行了紧张的识记以后，要变换另一种比较轻松和简单的识记活动。

82
记忆出错的原因

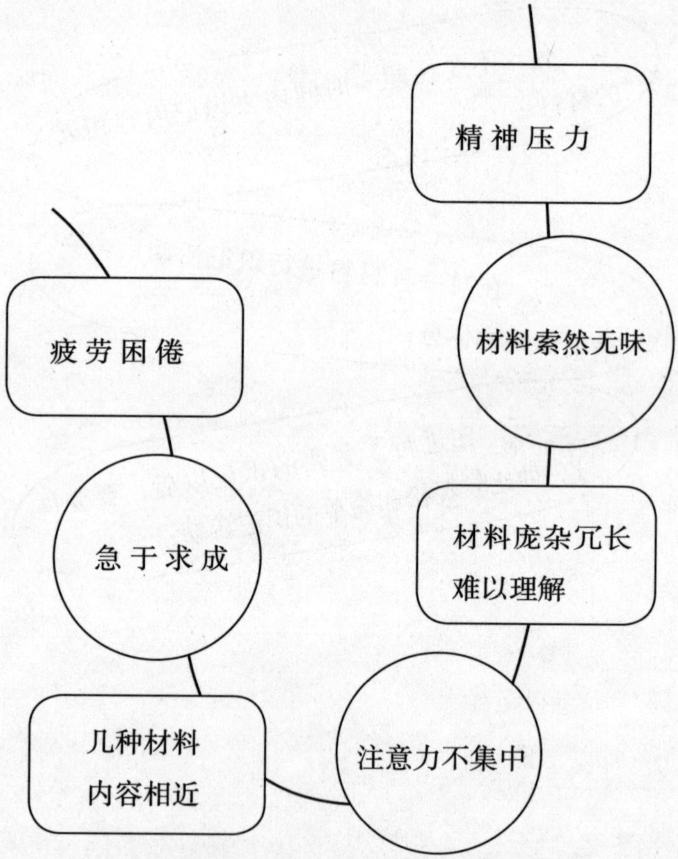

83
疲劳的起因

人体的任何神经活动，都是兴奋与抑制两者对立的统一，抑制与兴奋接踵而来。人在学习时，大脑皮层会形成延续的优势中心，但这个中心不会永远兴奋下去，当兴奋达到一定程度时就会转入保护性抑制。

疲劳是大脑需要恢复的反映，同时，也是人们所具有的一种控制信号和警告，如果不采取措施，就会出现周身乏力、精神不振、昏昏欲睡等现象。事实正是如此，在复习中有时会因大脑工作时间过长，出现头昏眼花、不能集中注意力、思维迟钝等现象。

大脑的疲劳和体力疲劳是不一样的，它具有内隐性的特点。脑疲劳的表现是精神不济、思维难以集中、记忆效率下降、厌倦学习，时间会在困顿中白白逝去。大脑的疲劳同人的感觉未必一致，有时大脑实际上已经很疲劳了，但在兴趣、目标等主观意识的作用下，却感觉不到疲劳。

有的人认为如果学习累了，用一种强制性手段，依然可以继续下去，这是一种错误的观点。我国古代虽有“头悬梁锥刺股”之说，但这只不过是一种精神可嘉的行为，并没有太大可行性。

有的人认为，如果学习累了，看一会儿电视，听一会儿音乐可以解除疲劳，这也是不符合实际的。因为在看电视或听音乐时，大脑并没有休息，依然处于工作状态，疲劳得不到有效的缓解。大脑最好的休息方式是暂停学习，转换成另一种状态，如在室内踱步，到户外散步、慢跑、做体操、深呼吸、远眺天空，都可改善脑部的血液流动和氧的供应。这样休息一会儿后，就能感到头脑清醒，精力恢复。如果喝茶或咖啡，或进行头部按摩，也有祛除困乏的功效。

84 用脑不过度

大脑昏沉是一种精神上的疲劳，要想把这种状况压缩到最低限度，最顶用的方法是不过度用脑。

科学的复习方法能减少大脑的疲劳现象，如各学科交叉进行，给自己一个良好的心理暗示等，都有助于降低大脑的疲劳程度。

复习中最应注意的是不要在一个较长的时间里只学习一门功课，还应注意不要单调地重复学习内容，在每经过一个小时左右的学习后，要安排短暂的休息，让大脑消耗了的能量得到补偿，使大脑维持活力。

85 影响体能的因素

要想顺利参加高考，必须有一副健康的身体。为了维护健康，最重要的是保持一个良好的体能状况。影响体能的主要因素有以下几点：

◆ 过于紧张

◆ 睡眠不足

◆ 营养不均衡

◆ 缺乏锻炼

所以，在复习阶段，除了消除紧张情绪，严守作息时间外，还应特别注意合理膳食和体育锻炼。考生在饮食中要适当减少盐、油、糖的摄入，少吃油炸食品和生冷食品，不吃在冰箱里久置的过期食品，也不要直接食用从市场上买回的熟肉，吃卤制品时一定要先加热。要多吃含维生素与矿物质的蔬菜和水果，多吃豆制品。粮食的摄入量应占一天身体消耗总热量的 60%，其次是 20% 的蛋白质和 20% 的油脂。每餐不宜过饱，口味要清淡，要足量饮水。

人的大脑活动主要依靠葡萄糖和氧气，葡萄糖从食物中转化而来，而给大脑供应充足的氧气，则离不开体育锻炼。在体育锻炼方面，最好是每天坚持到户外慢跑半小时，千万不要吝啬锻炼身体的时间。

86

运动健身

在复习中，保持旺盛的精力与强壮的体魄至关重要。由于考生久坐攻读，运动健身绝不可少。运动不仅是肌肉的体操，也是神经系统的体操，可以消除大脑的疲劳。

没有哪一种运动是适合所有人的，运动健身既要视自己的身体条件，也要视客观条件而定。锻炼的形式并不重要，贵在坚持。判断某种形式的运动是否符合自己，要看在运动中身体的代谢活动有无改变，譬如，你是否有心跳加速、出汗以及肌肉酸痛的感觉。

运动的方式很多，打球、跑步、跳绳、做操等都是常见的运动方式。不过，任何事情都是过犹不及，运动也是一样，只有适量运动，才对身体健康有帮助。例如每天可累计进行相当于步行六千步的身体活动，在运动中心率不要超过每分钟一百五十次，要保证肌肉酸疼在经过一晚上休息后，第二天基本可以维持原来的活动量。运动中也不需要大汗淋漓。

87

深呼吸补氧

人体吸入氧气的四分之一是供给大脑使用的，供氧不足是精神疲惫的原因之一。如果学习场所的通风状况不好，人的呼吸会越来越短促，此时，就会觉得头脑昏昏，心慌甚至恶心起来，记忆力也随之下降，这就是大脑缺氧的表现。

为大脑补充氧气的办法是深呼吸。呼吸有两种方式，一种是靠胸部起伏的呼吸方式，另一种是靠横膈膜上下运动的腹式呼吸。深呼吸指的是腹式呼吸。

深呼吸的方法是：

第一步，以放松的姿势站好，手放在肚脐上方，想象肚子里有一个等待充气的气球。

第二步，想象这个气球在慢慢地膨胀，此时吸气，让空气从鼻孔进入，默数一、二、三、四、五，当想象这个气球已膨胀到了极限时，屏息数秒钟。

第三步，想象气球开始放气，废气从口中排出，默数一、二、三、四、五、六、七。

第四步，当废气全部吐尽，屏息数秒后重复以上动作数次。

88
做作业的体力准备

做作业的体力准备

吃早餐，为一天的复习提供充足的能量；养成良好的饮食习惯。

每天至少有半小时的运动。

多喝白开水，不喝含糖的饮料和含咖啡因的饮料。

89

常备药

考前和应考时，考生要尽量避免生病，同时也要储存一些常备药应急。

如室温过低，或在身体出汗时冲凉，易引起感冒，这种感冒一般属于热伤风的症状，可常备藿香正气水、银翘解毒片、板蓝根或十滴水一类的中药，西药可准备阿司匹林。

胃痛一般是由于进食不规则、进食过快或食用过多冷饮导致的，可常备胃舒平、胃友等药。为了防止胃肠炎和腹泻，可常备颠茄片和黄连素。

引起头痛的原因很多，如药物反应、饥饿、饮食不当和心绪不宁，都可导致头痛或眩晕，可常备镇痛片和撒利痛等药物。

中暑一般是由于体内热量不能及时散发引起的。可服风油精六滴或十滴水一小瓶。

另外，为了防止咳嗽、哮喘等症，可常备急支糖浆、川贝清肺糖浆及甘草片等药物。

如自觉病重，则应及时去医院，切勿贻误病情。

90
睡眠的作用

睡眠质量和学习效率息息相关，复习需要清醒的头脑，而睡眠可以解除疲劳，增添脑细胞的活力。

一个人如果睡眠不足，在复习中肯定会无精打采，记忆力、判断力和思维反应能力都会大大降低。若长期睡眠不足，不仅会使人烦躁不安，导致注意力和记忆力衰退，还会造成大脑功能的紊乱。所以，健康的睡眠有助于健康用脑。在复习期间，必须用充足的睡眠来保证自己的精力。

许多心理研究都指出，在睡眠不足状态下进行记忆，比在睡眠充足状态下的记忆，无论是量还是质都低得多。睡眠是大脑皮层神经细胞的保护性抑制过程，当大脑不堪疲劳时，就会出现保护性抑制，从而引起瞌睡。

健康的睡眠要符合以下要求：

◆ 良好的睡眠习惯

◆ 足够的睡眠时间

◆ 上乘的睡眠质量

上面的任何一项出了问题，都不能称之为健康的睡眠。

对睡眠的需求因人而异，至今尚无研究资料确切地显示，人究竟睡几个小时最合适。在一般情况下，青少年每天大体上要保证八个小时的睡眠。但在高中生中，每天能睡八个小时的人可能不足一半，很多学生每天的睡眠时间只有六、七个小时，饱受睡眠短缺的困苦。在复习过程中，为了多学一点知识，有的学生依然以牺牲睡眠时间为代价，采用熬夜苦读的方式。从表面上看，他们也记住了一些东西，但在头脑昏沉状态下记忆的质量是很差的，难于持久维持记忆。这种以放弃睡眠为代价的学习，实际上是对自己健康的一种隐性伤害。

91
今夜安然入睡

人的睡眠要经过几个阶段。从入睡开始到快速眼动睡眠结束为一个周期，一夜睡眠要经历四至五个睡眠周期的交替。大部分深度睡眠出现在前面两至三个周期内，即入睡后三至四个小时深度睡眠业已完成。别以为只有躺够八小时才是睡觉，如果获得六、七个小时的熟睡，绝对比在床上辗转反侧八个小时要强得多。

健康睡眠强调睡眠的质量。要想睡得好，可以参考以下措施：

一、守时。健康睡眠的第一条就是守时，要按时入睡，按时起床，建立自己的“生物钟”。

二、不要在太饱或大饿时入睡，晚餐应尽量安排在睡前三四个小时。吃饭过饱后上床，因食物从摄入到进入小肠需要一定的时间，饱胀的胃会令人消化不良，无法安睡。而若在饥饿中上床，空着的肚子又使人难以入睡。

三、睡前不要再思考什么，越是冥思苦想越难入睡。上床就要顺其自然，或想象自己在一个十分寂静的环境中。这样，不久就会进入梦乡。

四、睡前要刷牙、用温水洗脸、洗脚并梳头数遍。要选用合适的卧具，既要有一个好的床垫，也需要一个合适的枕头。好的枕头不仅应该柔软舒适，还要有一定的硬度，枕高以十五厘米左右较为合适。上床后把身体摆在自己认为最舒适的位置上，轻轻呼吸，让全身肌肉放松。在初夏时节，可在枕头上加一块凉席。

五、睡前可喝少量开水或牛奶，不喝浓茶和咖啡。一杯浓茶的兴奋期可达一个小时，一杯咖啡的兴奋作用长达三个小时，所以，在睡前不要喝含咖啡因的饮料，也不要吃含有巧克力的食品，吸烟、饮酒更是要绝对禁止。

六、保持卧室黑暗。要尽量保持卧室的黑暗，以利于安然入睡。需要特别提醒的是，如果睡眠状况一直很差，自己又找不到原因，就要去医院看大夫了。

92
不熬夜

复习期间能不能熬夜？回答是肯定的——当然不提倡熬夜。

挑灯夜战是对个人健康的一种透支。彻夜不眠的学习效率与付出的代价并不相称，好不容易记住的东西，会在一个不长的时间内一扫而光，给学习者带来遗憾。

心理实验表明，若学习后立即入睡，记住的东西在前面两个小时可能忘掉一些，但在以后的时间里就不会遗忘了。因为，在熟睡的状态下，脑细胞停止了活动，既无输入，也不调出，记住的东西会在脑中巩固下来。如果彻夜不眠，处在疲劳状态中的脑细胞的活动处境艰难，会影响人体生物钟的运行，容易诱发失眠。

当然，不熬夜并不等于不能晚睡一会儿。如果自觉睡得踏实，精力充沛，能够保证第二天的学习，也是可以多学习一会儿的，但此类情况不宜过多。越是在复习紧张的时候，越是不要熬夜。

有的考生半夜不睡，早晨不起，自认睡眠时间已经足够，但这种昼夜颠倒的做法没有好处。应当承认，夜间比较安静，外界干扰也少，但也必须认识到，此时大脑已进入一种抑制的状态，如果强制打乱自己的生物钟，是很不明智的。

善于科学用脑才能保持良好的复习状态，如果不顾效果一味地埋头苦干，特别是在考前一晚不舍昼夜，费时费力地仅仅求得片言只字，倒不如躺在床上睡个舒服觉。

早睡早起会使头脑敏捷，昼夜苦读如同饮鸩止渴。睡眠有助记忆，酣睡是保证记忆效果的妙策。

93

失眠怎么办

失眠是亢奋的一种反应，心里越是焦躁，就越睡不着。如果前一晚上失眠，第二天必定疲乏不堪，精神萎靡。如果长期失眠，就会出现头痛头昏、心慌意乱、眼花耳鸣、疲乏无力、心悸气短、脾气暴躁、反应迟钝、注意力不集中、记忆力减退等症状。

不良的睡眠习惯、过度紧张和焦虑、身体疾病、个人或家庭的重大变故以及药物的副作用，都有可能导致失眠。但复习过程中的失眠，大部分是由于焦虑引起的。

出现失眠现象不要紧张，只要第二天不出现头脑昏沉的情况，就没有必要理会。如果从饮食上调养，可食用芹菜、花生、豆制品和瘦肉等富含有维生素 B 的食品。其他方法也很多，如营造一个安静、舒适、黑暗的睡眠环境，在睡前用温水洗脚，采用冥想的方法或数数的方法，或者默唱几支自己最喜欢的歌曲。不过，在试用过这些方法后，有的考生依旧说：“睡不着就是睡不着，什么方法都无效。”这是什么原因呢？这是因为没有抓住根本原因。导致考生失眠的根本原因是焦虑，压力是造成失眠的罪魁祸首。所以只有在缓解隐藏于内心的焦虑后，各种对策才可能派上用场。为了告别失眠，一定要调整好自己的心态，放下焦虑的包袱，并通过复习迅速提高自己的应试能力，从而清除对考试的恐惧。当心情放松后，再采取一些措施，入睡就会容易多了。

94

要不要午睡

在通常情况下，上午的精神状况要比下午好，学习效率也比下午高。为了改善下午的精神状况，如能午睡一会儿，则可使大脑活力得到恢复，以充沛的精力投入到下午的复习中。

午睡能对大脑的神经系统进行调整，使大脑和身体各个系统都得到放松与休息，但午睡主要是一种习惯。考生如有午睡的习惯，中午不睡下午就可能无精打采，若无此习惯，也不会有什么反应。故而，要不要午睡应随人行事，如果没有这个习惯的话，也不必勉强。不过，即使不需要午睡，也应利用这段时间好好休息一下，以达到放松心情的效果。

午睡时间不宜长，以不超过五十分钟为宜，睡过了头，醒后反而觉得困乏。午睡后可用温水洗脸，使头脑迅速清醒过来。

95
脑功能与饮食

复习需要大脑的活动，而大脑细胞需要充足的营养，紧张的心理压力容易使考生食欲不振，倘若没有营养的保证，大脑就不会有敏锐的反应。青少年正处在生长发育时期，身体需要的营养成分本来就比成人多，考前复习又要高度消耗脑力，营养的供给就更为重要了。

大脑基本上从吃的食物中得到所需的能量。在复习阶段，考生如适当改善自己的伙食，有利于增强大脑的活力。脑细胞在活动时，对蛋白质、卵磷脂、碳水化合物，维生素 A、B、C 以及铁的消耗会增加。含有这些成分的食物有西红柿、土豆等各类蔬菜和柑橘、红枣、瘦肉、乳品及动物肝脏等，富含卵磷脂的食物有花生、蚕豆、胡萝卜、米面等食品，含有铁及多种矿物质的食品有各种水果、坚果及新鲜蔬菜，特别是核桃、香蕉、葡萄、龙眼等食品。

埋头攻读是对的，但不能废寝忘食，而且复习期间应该吃得比平常好些，使饮食达到营养充足的要求。考生还可多吃一些粗粮，因为粗粮含有丰富的维生素 B_1 和膳食纤维，也可多吃一些新鲜的鱼、虾类以及瘦肉、豆制品、牛奶和动物肝脏等。这些食物中含有大量丰富的蛋白质、钙、铁和各种维生素，富含不饱和脂肪酸和卵磷脂，对人脑的记性物质乙酰胆碱有益。由于疲劳往往是因人体偏酸而引起的，因此多吃碱性食物能中和体内乳酸。通常认为，不易导致焦虑的饮食应含有 60% 的碱性食物，这样才可使营养平衡。碱性食物有水果、菌藻类、奶类及新鲜蔬菜等。总的来说，膳食品种多样化并充足丰富，粗细粮合理搭配，鱼、肉、蛋、豆、蔬菜、瓜果都吃一点，是绝对有好处的。

吃得过多或暴食暴饮，会因大部分能量用于消化而引起困乏。尤其是在晚上，晚饭后的困乏会影响学习，故晚餐最好吃得早一点，吃得少一点。

如果把摄入人体的营养物质用百分比来表示，以早餐占30%、午餐占40%、晚餐占30%为宜。

96
早餐

一定要吃早餐。

早餐不是可有可无的，也绝对不要凑合，应把早餐作为每天的一顿主餐来安排，从早餐开始就获得充足的能量，使大脑尽快地兴奋起来。早餐最好在起床一小时以内进行，同时补给适量的水分。

由于早上起床不久，胃肠兴奋度不高，故进餐食量不会多，为保证充足的营养，在品质上应有较高的要求。早餐应尽量提高质量而不是数量，一顿优质早餐，要有干有稀，蛋白质和碳水化合物充裕。

早餐的大部分食物应在一整天都能维持大脑的正常功能，能慢慢释放能量。主食可吃馒头、面包等淀粉类食品，优质蛋白质主要由牛奶、豆浆、鸡蛋、肉松等食品来提供。另外，早餐中最好有蔬菜。早餐也以可喝玉米粥，在没有玉米粥的情况下，如有一块玉米饼或一个熟土豆也行。早餐不宜过于清淡，同时应避免饮用含糖量较多的果汁饮料。

由大米、小麦、玉米等谷物和一定量的肉、蛋、鱼、奶或豆制品组成的早餐，为一个上午乃至一天确立了能量的储备。如果每天吃一顿优质的早餐，意味着它会缓慢释放能量，帮助我们以充沛的精力迎接一整天的紧张复习。

在早餐中，除了大米、馒头、面包等主食外，应尽可能做到：

◆ 每餐一个鸡蛋

◆ 每餐一杯牛奶

◆ 每餐一段煮玉米或一些薯条

◆ 每餐一段黄瓜或一个西红柿

另外，早餐最好热食，因为人的肠胃永远喜欢温暖。早餐的第一种食物应是温热的。

97
零食

选择容易消化的零食，可补充一日三餐中缺少的微量元素，让自己享受生活，拥有健康。

零食是膳食的组成部分，人在承受强大心理压力时，身体会消耗比平时多若干倍的维生素 C，而维生素 C 既可促进铁在体内的吸收，又可增强脑组织对氧的作用。另外，人的咀嚼与大脑活动密切相连，当人的咀嚼次数增多或频率加快时，大脑的血流量会明显增多，有利于脑细胞的信息传递，活化了大脑皮层。

可经常食用的零食必须是低脂肪、低盐、低糖的，如煮鸡蛋、玉米、黄豆、红枣、杏仁、香蕉、松子等；可适量食用的是花生、瓜子、巧克力、牛肉干、奶片、葡萄干、海苔片、核桃、鱼片等；限制食用的是高脂肪、高盐、高糖类的，如奶糖、水果糖、炸鸡块、膨化食品、奶油蛋糕、果脯、可乐和冰激凌等。

吃零食不要与正餐挨得太近，不要影响正餐的食量。临睡前也不宜吃零食。

98
消除隐性饥饿

所谓“隐性饥饿”，是指膳食中缺乏人体需要的维生素和矿物质的现象。隐性饥饿应引起人们的高度重视。事实上，要消除隐性饥饿并不难，通过调整食物结构的方法就能免受其害。譬如，糖是大脑的动力，只要平时吃一定量的米、面、玉米、土豆等含碳水化合物的食物，便可为大脑提供足够的糖；大脑神经细胞需要蛋白质、脂肪、维生素及钾、钠、钙、镁、锌、铜等微量元素，这些成分在牛奶、蛋类、豆制品、动物肝脏、干果以及蔬菜中并不缺乏。在人体内，食物的酸碱平衡是很重要的，一般而言，体质健康的人，其体液为弱碱性；体质较差的人，其体液呈酸性。肉、鱼、蛋以及米、面等食物进入人体代谢后，最终产物是氧、硫、磷等元素，属于酸性食物，蔬菜、水果、牛奶、土豆、海带、豆类等食物进入人体代谢后，最终产物是钾、钠、钙、镁等元素，属于碱性食物。在膳食中如能注意进食碱性食物，完全能中和体内的酸性物质，达到人体酸碱平衡的要求。

科学的食谱应营养协调。碳水化合物提供的能量应占每天能量消耗的 60% 左右，脂肪占 25% 左右，蛋白质占 15% 左右。概括而言，人体需要的营养有五种，即蛋白质、脂肪、糖、维生素和微量元素。只要有一个合理的饮食安排，消除隐性饥饿是完全可以做到的。

99
多喝白开水

人体的每个细胞都需要足量的水来保证它的功能，没有水就没有生命。大脑是身体中最易缺水的器官，脑组织大约含有85%的水，当人感觉到渴的时候，大脑细胞早已缺水了。这时，血液会变得黏稠，流向大脑的血液也趋于缓慢。

医学家认为，水为大脑行使正常功提供能量，是提高所有神经传递素的关键物质，有助于预防注意力缺乏症。但有的学生经常喝所谓“能量型”的饮料，这些饮料中含有糖或咖啡因等成分，对脑细胞虽能起到一时的刺激作用，但它们却会大量消耗身体中的水分。所以，“能量型”饮料对提升大脑活力没有好处，过多地饮用此类饮料，对人的思维不利。此外，过多地食用冷饮也不合适，多食冷饮会伤害肠胃，并引起血管收缩。

人体需要的水大部分可从饮食中获得，但也必须有一些补充。白开水随处可得，且没有副作用。喝白开水可改善血液在微细血管中的流动，提高大脑的反应能力，是促进大脑生长的有效办法。随着天气渐渐转热，考生每天至少应喝数杯白开水，并养成定时饮水的习惯。最好是早晨起床后先饮一杯水，可有效地缓解夜间身体缺水的状况。

水同空气一样，是生命存在的基本要素。我们的建议是，为了大脑健康，要多喝白开水。

100
第一时段最后一天

第一时段最后一天

休息

- 收拾房间
- 洗衣服
- 自己动手做一顿美餐
- 到街上走走
- 去公园玩玩
- 和家里人聊天
- 看一场电影
- 听音乐
- 看电视

101
附录一：乐曲与情感

乐曲与情感

E调——安全

D调——热烈

B调——哀怨

A调——高昂

G调——浮躁

102
附录二：色彩与情感

<table>
<tr><th>类别</th><th>色彩与亮度</th><th>感性性质</th><th>情感特性</th></tr>
<tr><td rowspan="3">冷色</td><td>深绿</td><td rowspan="3">冷淡消极沉闷</td><td>安息、忧郁</td></tr>
<tr><td>蓝</td><td>思考、学习、进取</td></tr>
<tr><td>青</td><td>神秘、安静、守信</td></tr>
<tr><td rowspan="2">中性色</td><td>淡绿</td><td rowspan="2">神秘、玄妙</td><td>自由、环保</td></tr>
<tr><td>紫</td><td>严肃、不安</td></tr>
<tr><td rowspan="3">暖色</td><td>红</td><td rowspan="3">快活、明朗、
热情、生机</td><td>热情、奉献、激烈</td></tr>
<tr><td>棕</td><td>沉稳</td></tr>
<tr><td>黄</td><td>文明、有精神</td></tr>
<tr><td rowspan="3">亮度</td><td>明</td><td>开朗</td><td>光明</td></tr>
<tr><td>中</td><td>舒适</td><td>轻快</td></tr>
<tr><td>暗</td><td>沉重</td><td>迷茫</td></tr>
</table>

103
附录三：记忆的品质

敏捷性

指在一定时间内能记住的事物的量，是就人的记忆速度而言的。

持久性

指记忆内容保持时间的长短，是就记忆的巩固程度来说的。

准确性

指记忆材料在重现时能否保持原貌，是就记忆的可靠性来说的。

备用性

指记住的东西在需要时能否备而有用，是就记忆的灵活性而言的。

104
附录四：怎样才能记得牢

◆ 注意力集中专心致志

没有强烈的记忆愿望，就难以记住。在记忆时，绝不可分散注意力。

◆ 概括归纳化繁为简

要抓住材料的核心部分，用写提纲、做笔记、分类图表等多种方式，简化背记的内容。

◆ 眼耳口手一起运作

发挥多通道联系的功能，眼、耳、口、手一起行动，使信息在输入大脑时就得到强化。

◆ 揭示规律加深理解

理解是记忆的基础，理解了的事物才有利于记忆的长期保持。

◆ 趁热打铁及时复习

及时复习是强化记忆痕迹、防止遗忘的有效方法。

◆ 循序渐进定量有恒

大脑没有商机，不可能一夜暴富，不要急功近利，应循序渐进地来学习。

105

附录五：联想的四个触角

接近联想 是以空间或时间上的接近关系为线索，由一个事物想到另一事物。如从喜马拉雅山脉想到珠穆朗玛峰，从十月革命想到五四运动。

相似联想 是以性质上的相似关系为线索，由一个事物想到另一个事物。如从雨衣想到雨伞，从扇子想到空调，从馒头想到大饼、火烧和烧饼。

因果联想 是从具有因果关系的事物之间的联系引起，由一事物想到另一事物。如由100想到两个因数25与4或20与5；从两条直线被第三条直线所截其同位角相等，想到两直线必定平行。

对比联想 是从具有对立关系的事物之间的联系引起，由一事物想到另一事物。如从英语中的long（长）想到short（短），从front（前）想到back（后），从high（高）想到low（低）。

106
附录六：运动健脑六招

运动可促进脑部的血液循环，得到充足的氧气，有利于缓解精神疲劳。运动健脑可减轻由于紧张带来的生理影响，使大脑处于更加稳定的状态。运动健脑的方法很多，下面介绍的几种都是简单易行的。这些方法可以缓解紧张，使学习变得容易一些。

◆ **坐式健脑法**：坐在椅子上，脚跟并拢，两膝分开，双臂下垂在大腿两侧，用耸肩的方式升降双臂若干次。

◆ **拉耳健脑法**：用左手绕过头顶，抓住右耳壳上提十几次；再换右手用同样方法提左耳壳十几次。

◆ **梳头健脑法**：用梳齿触动头皮，反复梳理头发几十次。

◆ **拍臂健脑法**：用左手轻拍右臂，直到肩膀处，再换右手用同样方法轻拍左臂到肩膀处。两臂各拍十几下。

◆ **按摩健脑法**：双手放在额前，用手指轻揉太阳穴若干次。

◆ **交替抬脚法**：双臂下垂，交替抬起双脚，并用脚去碰另一边的手，反复多次。

107
附录七：有关大脑机能的五条定论

有关大脑机能的五条定论

人从出生到生命终止，大脑可以不断地学习。

在富有激励因素的环境中，大脑的功能会变得更完善。若长期得不到刺激，脑细胞就会退化。要使大脑有效地工作，就要经常使用它。

大脑需要能量，这些能量从食物中获得。大脑所需能量中的99%是葡萄糖。

氧气的供给对大脑也很重要，如果中断氧气供给，就会摧毁脑细胞；若完全停止氧气供给，脑细胞就会死亡。

大脑能出色地归类和储存所接纳的信息，学会将信息分类是开发大脑潜力的第一步。

108
附录八：亚健康状态

世界卫生组织提示，健康是一种身体、精神和交往上的完美状态，而不只是指身体无病。根据这个观念，人们可分为真正健康、患病和处在健康与患病之间过渡状态的三类。对于处在过渡状态的人群，世界卫生组织称其为“第三状态”，国内称之为“亚健康”状态。

在临床医学上，“亚健康”常被诊断为疲劳综合症、内分泌失调以及神经衰弱等症。它在生理上主要表现为疲劳、乏力、免疫力和抵抗力下降，容易出现感冒、气短、出汗、腰酸腿疼、食欲减退等症状。在心理上则有精神不振、情绪低沉、反应迟钝、失眠多梦、困倦、注意力不集中、记忆力减退、烦躁等表现。与健康人群相比，疾病往往更容易袭击处于“亚健康”状态的人群。

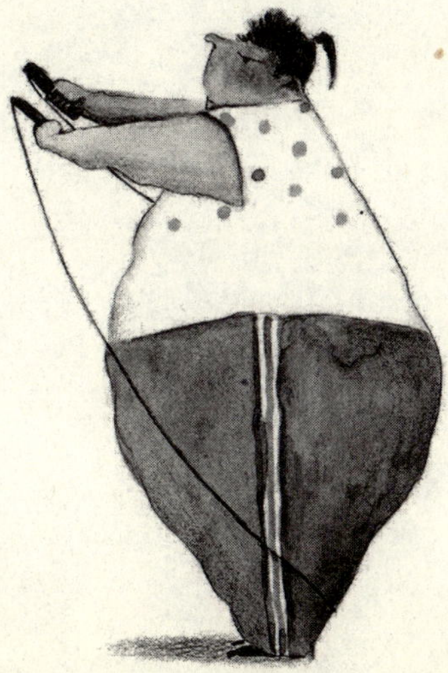

高考早知道

Gao kao zao zhi dao

考前III

109
考前十天

从即日起，进入复习第二时段。第二时段安排七天时间。

这个时段是高考复习的黄金时段，要一鼓作气。高考复习犹如一场长跑，第二时段进入最后一圈，谁冲刺得快，谁就有可能赢得好成绩。对这段时间，一定要珍惜、珍惜、再珍惜。

在这段时间里，除了要做好心理、健康和应试技巧方面的准备外，还应系统梳理各科知识，使之形成网络结构，具体要做到：回归基础、梳理整合、分析题型、把握内功。

在这段日子里，再学习新内容只是舍本逐末，故在本时段，应转向对学过知识的梳理，通过梳理达到知识的系统化。在此期间，可背记定理、定义、公式以及英语单词等。在本时段内，查缺补漏是很重要的，可从头至尾翻阅一下自己的错题本，分析哪些章节出错最多，哪些错题的重复率最高，做到心中有数，有针对性地加以解决。如果第一时段以阅读课本为中心，是使知识由薄到厚，本时段的任务则是概括归纳，提高运用能力，努力做到知识从厚到薄。

当高考的脚步愈来愈近时，有的考生会拼命练习应用题，他们认为这是应对考试的需要。其实，应用题多如牛毛，此时正确的做法应是对各科知识提纲挈领，努力提高解题速度，切实掌握各种类型题目的解题技巧。

本时段每天的复习时间和强度均应逐步减弱，一个重要任务是调整作息时间，逐步做到按时睡觉，按时起床。开始几天可能不太习惯，以后就会慢慢地习以为常了。

110
调整计划

在复习第二时段开始前，可根据本时段的任务，对复习计划作适当调整。

第二时段，也可称为强化时段或冲刺时段，复习的主要任务是对各科知识进行收拢。任何学科的理论，无非是由概念和原理所组成的知识体系，知识一旦系统化后，就使你进入一个新的境界，所有的概念和原理回到了知识系统原本的位置上，把多而复杂变成少而精，完成知识从“厚”到“薄”的转化。

在此时段应把所有试题模型化。做题不在于是否艰深，也不在于数量多少，而是要通过每一道题，把相关的定理、定律以及公式的真正内涵理解清楚，并通过难度的不断提高，把横向与纵向的相互关系理解透彻。在此基础上，逐步把学过的知识点连接起来，在头脑中形成一张自己能够真正理解的知识网。

此时段查错补缺也很重要，应多翻看自己的错题本，看看有哪些题做错了，积极寻找错因。在复习中，有时对某个题目可以弄懂，但解题方案是错的，做出的答案也是错的，这叫会而不对；有时一个解题方案虽然正确，但解题方法却有诸多疏漏，这叫对而不全。对于会而不对或对而不全的现象要仔细分析原因。

第二时段的学习强度应逐步降低，同时注意调整自己的生物钟。调整生物钟要经过一段时间，每天提前一点进入梦乡，最好做到按时入睡，按时起床，力争使一天中的敏感时间和考试时间对应起来。

考生应根据自己的实际情况适当调整复习计划。成绩差些的考生，应尽量做基础题，不和难题较劲，只有基础扎实了，中档题精通了，才有力量去攻克难题；成绩中等的考生，在做题时应特别注意表达准确，答题规范；成绩优秀的考生，可继续有选择地剖解难题，向高分冲刺。但不论那类考生，都要注意加快解题速度。

111
怎样冲刺

·回头看，从点到面，形成知识网络。

·查缺补漏，分析错题原因。

·不再做难题，在中、低档题中求得对知识的梳理整合。

·把以前学过的内容，在头脑中通过自问自答的方式反复地呈现出来。

·回归课本，使基础知识的基本题型落实到位。

112

考前三准备

心理准备

继续调整心态，驱散压力和焦虑的阴影，充满力争上游的精神。

健康准备

预防疾病，注意饮食，做到劳逸结合，让身心获得愉悦。

应试技巧准备

实事求是地评估自己，分析自己各门功课的优势与劣势，以便扬长避短。了解考场技巧，使自己胸有成竹地进入考场并获得好的成绩。

113
应试技巧

高考年年进行，年年试题都不一样，然而却都是考生学过的知识。如果把历年考卷从头到尾仔细研究一遍就会发现，虽然每年题目各异，但考查的本质却是一致的。

在高考中，可能会出现两种情况，一种是平常学习中等的学生获得了高分，一种是平时学习成绩突出的学生总分跌落。在一般情况下，人们认为后者在考试中情绪不稳，或是遇到了什么突发事故。其实，这中间还有一个未被揭示出来的重要原因，就是考生没有很好地掌握应试技巧。

在考场上，你能否很快地把心情稳定下来，审题是否丝丝入扣，能否掌握一个合理的解题次序，解题的速度快不快，书写能否规范，答题能否分段得分等，事先都需要有充分的准备。

善于利用应试技巧和策略，就会全始全终。为了夺取高分，应试技巧不可忽视。

114
答题要领

答题速度要快，一定要在考试规定的时间内作答完毕。在复习中，为了弄懂一道题，花费几个小时也是值得的，但在考场上就不能这样做了。如何分配有限的时间去答题，在复习时就应留意，做练习的速度应和在考场上答卷一样。

答卷不要写得过长，评卷人只看你的答案是否有要求中的要点，而不会因你写得长就多给分。如未触及要点，写得再长也无用。

评卷强调的是答案的结果，虽然在数理化题目中，有时演算过程可能成为评分的依据，但在一般情况下，过程给分不会很多，所以，答题的重点一定要放在答案的结果上。

在回答论述题时，要抓住主旨，注意关键词的表达，使评卷人过目时一览无遗。而且，对任何一种类型的题目，回答都必须是明确的，如因为什么所以什么，或者是什么不是什么，千万不能模棱两可。当一个题目的答题栏空白时，自然要划零分，故而宁可答错，也不要一字不写留下白板。

另外，虽然阅读卷人并不以字迹的好坏来给分，但书写潦草、字迹不清是很吃亏的。面对一份龙飞凤舞的答卷，评卷人没有足够的时间去推敲你写的是什么，你的得分一定会大打折扣。所以，答卷一定要书写规范，并保持卷面整洁。

115
试卷的梯度

对考卷进行剖析，摸索卷面规律，是应试技巧的第一步。

为了拉开考生间分数的差距，凡试卷都有一个梯度，这个梯度分三个层次。

第一层次：考查考生记忆水平和理解水平的题目，主要针对基础知识、基本规律和基本概念出题。此部分题目约占得分的 50% 到 60%。

第二层次：属于分析和思考水平的题目，或者说是复杂一点的中档类型的题目，主要是考查运用基本概念去解决问题的能力。此部分题目约占得分的 20% 到 30%。

第三层次：考查创造能力的综合试题，或者说是“拔高”的题目，主要是把多方面的基础知识综合在一起的难题。此部分题目约占得分的 20% 左右。

属于第一、二梯度的题目，一般安排在试卷前面。所以，从前往后答题是最基本的顺序。这两个梯度的题目是所有考生的立足点，一定要从中把分数拿够。在顺利解答出这两个梯度的题目后，就可信心倍增，顺势向第三层次长驱直入。

在向高难度题目攻坚时，要有足够的信心。出题者为了考查考生的判断能力，常在题中掺入一些假象，所以考生必须认真分析题目中提示的条件。实际上，所谓难题，只不过是综合性和立体的知识体系更强一些，只要思维不“断线”，就不会无从下手。视野开阔，起点站高，考虑问题的思路就会打开。如你的答案过于繁复，就要考虑解题思路是否有错。

对于难题如不能完全求解，则应想到哪里写到哪里，能答多少答多少，尽量不要留下空白，争取获得阶段分。

116
主观题

常见的题型虽有多种，但从总体上讲，可分为主观题与客观题两类。

回答主观题没有固定的模式，有时只需扼要回答，写出简短的答案；有时则要求详尽地阐述某个事件，写出较长的答案。所以，主观题也被称为自由回答型题目，使考生有机会表达自己对某项知识的理解深度和广度。

主观题有利于考查应试者组织文字的能力和逻辑思维的能力。在主观题型中，或是让应试者写出若干非常具体的东西，或是叙述一个很综合的事物。不过，多数主观题都是以上两者的结合体。

主观题的具体要求写在题目中，如举例、阐述、比较、概括、论证等等，因而一定要正确理解题意，掌握具体要求，假如只是草草过一遍就贸然动笔，容易扭曲题意，使答案出错。题目要你举例就举例，要你阐述就阐述，要你比较就比较，一定开门见山地切入正题。

回答主观题最忌答非所问，因为评卷人不会看与题目无关的内容，故要严格遵守题目的要求，把答案限定在题目要求的范围内。主观题答得好坏，很大程度上在于对答案的组织。

对熟悉的题目，千万不要无控制地回答下去，这样既无益于得分，也会过多占用考场上的宝贵时间。

主观题高低分的差别，除了内容是否正确外，还与答案的文字有密切关系。所以，一定要注意答案的结构和修辞。最好先在草稿纸上列出提纲，然后根据这个提纲书写答案，这样才会做到既不遗漏要点又条理分明。

117
客观题

客观题不同于主观题，它无需组织文字，只要求应试者选择正确答案，凭记忆回答试卷上的问题，或判别某给定命题的正确性。客观题的答案是比较固定的，故也称为固定回答性题目。

客观题包括选择题、改错题、判断题等，这类题型命题的灵活性强，覆盖面广，回答问题需要的时间也短。

一般来说，在选择题中，如果两个答案相似，两个肯定都是错的；两个答案相反，起码有一个是对的。命题者为了增加分辨的难度，有时会在选择题中安排几个貌似正确而实际上不正确的答案供考生选择。

在答选择题时，可先把有明显错误的答案排除，再对余下的答案进行比较。判断题的答案只有一个，所以正确答案一般是叙述比较流畅的，而那些使用“绝对”、“完全”、“所有”等极端词语的，很有可能是错的。

回答客观题只要基础知识牢固，瞬间即可确定正确答案；如果识别不清，应作认真比较，使用逻辑推理来判断正误；再不见效，则可进行猜答。总之，以不留空白为原则。

多数考题不是主观题就是客观题，不过也有介于两者之间的，如填空题即要求应试者用一个词语或一个短句来完成给出的句子。这类题目虽不要求撰写过多的文字，但有时也是需要描述的。

118
各科目标

文科综合

文科综合的考试内容，正向着与现实紧密结合的出题方向迈进，非常注意“与时俱进”。由于各科都需要突出主干，所以，文科综合的重点应是归纳各科的主干知识。在文科综合试卷中，比较注重应用型和能力型的题目，在命题上更加注重对考生能力的考查。

历史命题的重心不是史实，而是历史知识的本质。历史有很强的延续性。因此，考生必须熟读课本以及课本中的插图、地图、注释、图例，并处理好史与论的关系。在头脑中要形成一个树状的大历史观，充分重视各阶段前后相继的联系。大历史观要求从纵向看历史事件的产生、发展以及事件所起到的作用。这种观念，有助于考生从更深层次来理解历史事件，而不是把历史割裂开来。

历史的知识性很强，看课本的方法是顺流而下，可按朝代、国别整理史实，特别要注意历史上的多事之时和多事之地，也可按政治、经济、军事、文化等几大板块来记忆。要在熟读课本的基础上梳理知识点，建构史实体系，使之条理分明。一定要理顺思路，对每段历史都要有清晰的认识。

高考地理试题的特点是知识面广、跨度大、知识点分散。在地理复习中，可系统整理的材料包括课本、地图和过去的试卷。为什么高考结束后，有的考生地理考分不尽如人意呢？除了掌握知识的多寡外，主要是知识迁移能力出现了问题。所以应重点整理基本原理和规律，提高对知识的迁移能力和综合分析的能力。

要以地理课本为基础，把地理知识分为三块，即自然地理、人文地理和区域地理。在自然地理基础中，以高中自然地理内容为主，将初中地理中的时区、区时、经纬线、地球和地球的运动等内容结合进来，补充地图、地形、等值线等内容。人文地理以高中课本为主，适当结合区域地理的有关知识。区域地理主要是了解中国及世界的主要区域以及世界上的主要国家。考生一定要注意把地理知识与现实生活、全球发展战略紧密地联系在一起，应充分复习地图方面的知识，如等值线图、地球地图以及一些重要国家和区域的地图。正确掌握读图、填图、分析图量以及算图等技能，是地理考试获得高分的重要一环。

在政治复习中，不可死记硬背，要多视角地思考问题，注意基础知识和重点知识的内容，做到回顾教材、回顾典型试题、回顾时事政治。要提高正确解读试题的能力，能利用所学知识分析具体问题。不要忘记看报纸，哪怕是看一看报纸的标题也好。要看电视新闻节目，留意当前社会的热点问题，如环境、能源、人口、灾害、西部开发、台湾、中东等问题。热点问题往往也是考试的内容。

政治命题的趋向是开放性和多元性，考生必须做到基础扎实，思路开良，解题灵活。

理科综合

在冲刺时段，理科综合应抓基础，扣大纲，关注细节，用知识解决生产、生活中的实际问题。

高考物理试题考查的知识面较宽，且多集中在高中阶段，考生要牢记必考的知识点，让知识形成网络，经由一定的高度来理解物理规律，掌握解题方法和技巧。

物理要考核的能力主要包括运用物理知识的能力、推理能力、分析综合能力、实验能力以及用应用数学知识处理物理问题的能力。明确了上述五种能力，在复习中就会有针对性。还应注意那些条件相似而物理状态不同的情况，记住一些典型例题的处理方法。有的物理题有多种解法，要切实掌握一种简单有效的解法。要务必注意实验题，认识实验的目的、原理和方法，会处理实验数据，会分析实验结果，在解决一些实际问题时，会建立理想化的物理模型。

物理的重点部分是力学，在力学中“受力分析”要贯彻始终。拿到一道力学题，首先应做受力分析。物理过程中的受力有重力、拉力、磁场力等，若不分析清楚，就无法运算，所以，受力分析一定要严谨。解力学题的步骤是先物体、查受力、分析运动、列方程检验，用上述方法解题几乎是百发百中。同时，也应注意力、热、电、光之间的联系，考卷中出现的较难的题目，一般都是力学与其他部分结合的综合题。

要想把化学考好，一定不能离开课本。化学的知识点不仅在课本上，而且彼此关联，忽视化学课本是绝对的失策。化学在理科中是最依靠记忆的一科，谁能构建完善的化学知识体系，谁就能在化学考试中勇往直前。高考化学试题主要是考查考生对基础知识和基本技能的掌握情况。化学的很多知识是抽象的，如原子、分子等，均是肉眼看不见的东西，为了对知识有整体的理解，要通过想象建立化学模型。在冲刺中必须抓住概念，建立系统的知识网络。

化学知识须掌握五点，即化学的基本概念和基本理论、元素的单质及其重要化合物、有机化学基础、化学实验和化学计算。要深刻理解化学中的“守恒”，即能量守恒、物质守恒以及物质的量的守恒、得失电子守恒。掌握了化学中的守恒原理，就能熟练地写出有关的化学反应式。

此时段的化学复习，要同物理的复习一样，必须注意实验题。化学实验的复习要明确每个实验的原理和目的，明确实验仪器和用品，确定实验的最佳步骤，正确分析实验现象和处理实验数据。

高考生物中，理解题目的能力是应考的重要方面。在答题时，要摸清题意，寻找题目中的隐含条件，经过概括归纳，进行逻辑推理，得到正确的答案。在冲刺时段，不宜再做难题，而要阅读课本和浏览过去的试卷，从中查缺补漏。

生物不需做很多题，但背记在生物的复习中是必不可少的。生物是理综试卷中最易得分的科目。

语文

高考语文试卷按内容分，可有语言基础知识、文学知识、古汉语知识、现代文阅读、作文等几大块。在冲刺阶段，应有针对性地对各个板块进行强化练习。

语文水平功在平时，冲刺时段要想大幅度提高几乎是不可能的。故应以课本为主，把常见的古文虚词用法、历代作家的作品搞清楚；对古词今释、名篇作者、写作年代要做到心中有数；对古文的注释也要留意。

千万不可放弃语言基础知识方面的“小题”，在语文的客观题考试中，语音、字形、成语部分以纠错为主。对诗文名句要坚持默写，默写后检查一下字之正误。

在作文方面，历届高考主要暴露出考生的两大问题，一是语言基本功差，二是审题不清。很多考生为此丢失了分数。所以，作文要从审题入手，告别平庸，写出具有独特性的好文章来。考生应准备若干组能够说明问题的材料，了解时政知识、关注报刊，看一些优秀文摘和优秀作文集，通过练习加以借鉴，达到不论作哪类文章都会有鲜活的文字。

数学

高考数学以主干知识为脉络，以基础知识为考查主体，故在冲刺的时候，考生应注意抓基础知识，有缺漏一定要补上，不要再做难题，而要做一定数量的中档题。也可围绕专题进行训练，以达到熟练的目的。

要在巩固基础知识的基础上，浏览过去的试卷，查看错题本，从中寻找自已的不足，建全自己的思路。有的考生什么定理都记得，就是解不出题来，这归根结底是一个解题思路的问题。数学要求多做习题，做得多了，见识广了，思维也就开阔了。

数学题有很大的灵活性，可用无数变式来思考一个定理，但考生若能找到已知条件，发现隐蔽的条件，也能顺利地打开解题的门户。所以，做题时要十分注意对题型进行分类，对每一种类型都做一定的具有典型意义的题目，以熟悉各种类型题目的解法，达到不论题目外表如何变化，只要是某种类型的题目即可着手解决的地步。

高考数学的题型有两类，一类是标准化试题，包括选择题和填空题；一类是传统试题，包括解答题中的计算题和证明题。应用题一般都比较长，涉及的名词、概念较多，要求考生在理解、分析的基础上，明确所求结论及限制条件，然后使问题得到解决。

数学是一门推理和运算较多的科目，运算能力是数学的基本功，在考场上要熟练地运算以便赢得更多的思考时间，而不要在运算上花费无谓的力气，这一点，也要依靠平时的训练。

英语

英语高考的内容主要是单词、语法、阅读、口语和写作。英语需要日积月累的大量练习，不过，巧用方法，在冲刺时候提高英语成绩仍有可能。

在整个复习阶段，包括冲刺阶段在内，要注意利用一切零散时间复习英语。高考英语试题有较大的自由度，内容可取材于课本之外，但其基础知识不会脱离课本。所以，在复习中依然要防止抛开教材、置基础知识于不顾、一头扎入汪洋题海的现象。在英语复习中，要坚持词不离句、句不离文、文不离课本的原则，至少 80% 的时间应该用于背诵，并把由中西文化习惯不同而造成的语言差异作为复习的重点。

完形填空的分值，占全卷比例的 20% 左右。做完形填空首先要通读整篇文章，弄清中心思想，然后在上下联系中选择填充内容，尤其注意不能把句子割裂开来。

高考英语作文题通常有书信、对话、通知、日记、改写等，应该有针对性地把历年真题以及各省市的英语试卷进行仔细研究，在这几类题中各找几篇范文背诵，再背一些连词、英语固定表达的句型、常用的短句和有特点的词组。英语作文和汉语作文一样，需要一个好的开头和好的结尾，要尽量使用简单句，用自己最熟悉的句型和词语，并用符合英语习惯的语句来表达。要注意文章的主要时态，避免出现语法上的错误。

119
调整人体生物钟

人通过身体内部的时间表感受外界环境的周期性变化，并调节自身的生理节律。人体内存在以一昼夜为一周期的生物钟，到点要吃，到点要睡。在生物钟的高潮期，人的情绪饱满，思维敏捷。

在一天中，人的大脑的活动呈现波浪式，在生物钟的调节下，兴奋和抑制交替出现。有的考生习惯熬夜，到了晚上就觉得精神焕发，他的生物钟在此时处于高潮时期，但到了第二天白天，人体生物钟转入低潮，此时会思绪恍惚，头脑昏沉。这种生物钟颠倒，对参加考试是极为不利的。

调整人体生物钟的重心是理顺自己的作息时间。一定要正视生物钟的存在，在冲刺时段，要做到按时入睡，按时起床，使每天上、下午都具有良好的精神状态。

人体生物钟的节律是渐次变化的。为了使生理节律步入正轨，应从考前若干天起，逐步形成一个正常的作息时间表。

120 防止考前烦躁

进入冲刺时段，由于考期日渐临近，考生有可能再次出现烦躁的心情，越是烦躁，记忆效果越差，并会加剧烦躁的情绪，形成一种恶性循环。

考前的烦躁常人都难以避免，不过是烦躁的程度不同而已。轻度的烦躁不会成为心理上的负担，对复习也不会有大的影响，过度的烦躁就不同了。引起过度烦躁的自然是对考试结果的预估，但这个结果也许并非想象中那么差，所以，只要摆正对高考的期望，烦躁的心情就会消失大半。

虽然在一般情况下，轻度的烦躁无碍大局，但也必须予以约束。

首先，要以理智的心态对待即将到来的考试，明确此时自己的基础知识和能力都已基本定型，在高考中不可能有太大的变化，但由于情绪的波动，反而会使考试受挫。因此，心情一定要稳定下来。

其次，让自己投入到忙碌中，忙碌可以冲淡烦躁。此时，不要去想可能考多少分的问题，只需想今天的计划是否完成了，然后睡个好觉，第二天接着再来。

第三，绝对不要理会已有多少考生报名那类消息，因为报考人数并不完全决定竞争的程度。正像在长跑竞赛中，跑在前面的永远是最有实力的，不论多少人参赛都是一样。只要你有实力，你就会处在前列。

第四，转移思路。当你觉得烦躁时，不妨把正在学习的资料搁置一边，削削铅笔，打扫房间，收拾书桌，或是干脆到户外散步，做深呼吸运动。

第五，吃点带酸味的食品。带酸味的食品富含维生素C，可以提高脑神经的灵敏度，减少焦虑烦躁的情绪。

121
考前三天

考前三天，应该是休养的三天，要坚决告别书本，告别习题，转向身心调节。当然，如果翻翻错题本，做一些历届高考试卷，静心回顾一下各科知识，也是可以的。

在这三天里，要保持正常生活节奏，注意休息，不要参加剧烈的运动，不去游泳、爬山、不要去人群拥挤的公共场所，防止意外事故的发生。要安排好自己的生活起居，正常地饮食、娱乐和睡眠。

尽量避免服药，因为许多药物都可能有副作用。特别是安眠药，会使人在白天的考试中精神不振，绝对不可服用。

还要有备无患，做一些有关应考的准备工作。

善待考前最后三天！

122
考前几件事

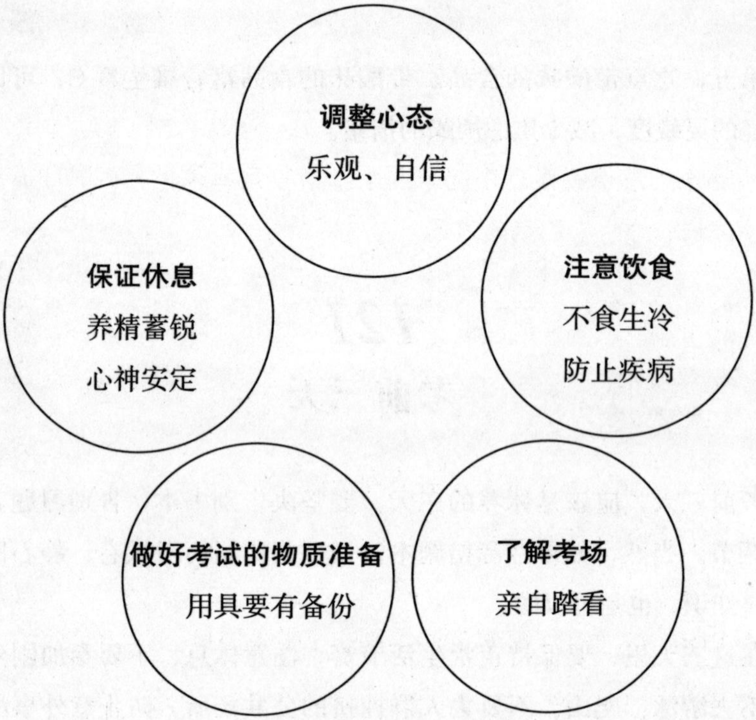
调整心态
乐观、自信
保证休息
养精蓄锐
心神安定
注意饮食
不食生冷
防止疾病
做好考试的物质准备
用具要有备份
了解考场
亲自踏看

123
考试必备

◆ 准备好考试用具，如橡皮、圆规、直尺、量角器、三角板等。要多带几只蓝色钢笔、圆珠笔以及黑色签字笔。准备几支 HB 铅笔和 ZB 铅笔，ZB 铅笔要谨防假货。不论选用何种笔，最好是用过的，用过的东西会产生熟悉的感情，而且用起来顺手。铅笔盒或尺子上有时印有数学公式，不可粗心地将它们带入考场。

◆ 准考证。证上要贴一张面带微笑的相片，当你在考桌上看到自己的微笑时，心情也会开朗起来。

◆ 带上身份证。

◆ 佩带手表。

◆ 解暑药如藿香正气水、清凉剂、镇痛片等。

◆ 擦汗的卫生纸和手绢。

◆ 矿泉水。

◆ 眼镜。需要用上眼镜的同学别忘了带上眼镜。

◆ 备用的零用钱。

要将这些东西装在一个透明的塑料袋中，界时带入考场。

124
不能携带的东西

不能携带的东西

- 书籍
- 笔记本
- 报纸
- 稿纸
- 涂改液
- 计算机
- 手机、电子记事本
- 不透明的饮水杯

125
了解考场

了解考场

- 确定一条通往考场的路
- 用何种交通方式抵达既迅速又安全
- 在哪个教室考试
- 从住所到考试的教室需多少时间
- 厕所、医务室在哪里
- 午饭怎么吃

126
高考度卷的题型

高考试卷有一定的形式，出题老师往往用以下思维定式来思考问题。第一，为了考查学生的知识深度，经常出比较难解的题。这种题的知识点在重要章节的难解部分，每科试卷中都会有这种考题。

第二，为了考查学生对知识的应变能力，把复杂问题加以表面化或简单化。这种题看似容易，做起来却容易出错。

第三，为了考查学生掌握知识是否全面，专门在最容易的知识点上选题。考生却不一定会做，因为这些知识点经常是被忽视的。

第四，为了考查学生综合运用知识的能力，出学生认为不是重点的题目，而这类题目却需要用许多概念才能解释清楚。

第五 把前两三年高考用过的题目变换一个角度，或用另外一种形式再出一遍。

第六，几乎所有出题者都会选择重点知识出题，高考试卷中大部分题目属于此类。在通常情况下，考生对这种题并不陌生，但怎样把握解题技巧，把题目回答完整，却是对考生能力的考验了。

127
预测考题

作为一种选拔人才的考试，一年一度的高考必然有它的规律。

高考命题以知识为载体，考查学生运用知识的能力、解答问题的思路和思考问题的逻辑，既注重答题结果，也对答题过程有一定的要求。各科试卷都不会超出课本范围，但存在一个低、中、高的梯度。低档题是考察记忆和理解水平的，主要内容是基础知识、基本概念和基本规律；中档题是考查分析和思考水平的，主要内容是运用基本概念和基本规律分析、解决问题；高档题是考查应变能力和创造水平的，主要内容是综合运用知识，有一定的深度，是拔高的题目。

每年的出题者都想尽办法使题目推陈出新，就出题者的心理来说，会排斥去年出过的考题，而利用四五年前的考题又过于陈旧，于是，一般来讲，出题的倾向大概两三年轮流一次。所以，要十分注意两三年前的考卷。

要想押题是不容易的，押宝式的应考术不可取。但在考前分析一下考纲则是可行的，因为高考的命题原则和指导思想已经广而告之，也提供了摸索点题方向的可能性，如果从中猜度一下重点范围并加以熟练，还是很有益处的。

如果你学习了大量的具有典型意义的题目，又摸索到了出题方向，而不是在个别题上押宝，你就一定能应付考试中出现的情况。

128
高温防暑

高考期间可能出现三十五摄氏度以上的高温天气。在热浪的袭击下，考生要注意防暑。

必须保证睡眠时间，考前应睡眠充足，中午可午睡半小时。午睡能改善脑部供血功能，增强体力，消除疲劳，降低中暑的几率。

吃冷饮不可过量，要及时补水补盐。夏季出汗多，体内的渗透压会失去平衡，这种状况可导致中暑。不要等到口渴时才想起喝水，补充的盐可加入水中一同饮用。

要多吃各种豆类、动物内脏、海产品以及时令蔬菜。可备一些防暑药，如仁丹、清凉油、风油精、十滴水、藿香正气水等。

当大汗淋漓时，用自来水冲洗是不科学的。这种快速降温的冷水浴，会使全身张开的毛孔迅速闭合，从而引起身体不适。最好使用温水帮助身体散热。

要穿宽松、透气性好的浅色衣服，外出时最好戴上隔热帽，避免头部直接暴晒在骄阳下。如果不戴帽子，也可撑把遮阳伞。

129
考前最后一天

考前最后一天，干什么可随自己意愿，但必须做好应考的准备工作。

◆ 准备应考穿的衣服，最好是自己喜爱和穿着合适的。衣服要宽松，最好不穿紧身衣，不穿未穿过的衣服。衣服最好是浅色的。

◆ 如骑自行车赴考，应检查车辆是否完好。

◆ 确定是否要带雨具。

◆ 考前一晚，绝不可“临阵磨枪”，必须按时入睡，此时熬夜是得不偿失的。睡前可洗热水澡，或用温水泡脚，喝一杯加了蜂蜜的牛奶或一杯酸奶，也可喝一杯水。要丢开一切令人烦恼的事，保持心情愉快。

◆ 千万不可服用安眠药，以免第二天白天精神不足，影响考试。

130
附录一：全国三种高考志愿填报方式

第一种是高考前估分填报志愿，简称考前填报。填报时间一般在五月中、上旬。

第二种是高考后估分填报志愿，简称估分填报。填报时间一般安排在高考结束后的六月上旬到中旬。

第三种是高考后据分数填报志愿，简称知分填报。填报时间一般在六月下旬至七月上旬高考成绩公布后。

131
附录二：《全国普通高校分专业录取分数线》

《全国普通高校分专业录取分数线》是一个印本，有近一千所普通高校全部专业每年在各省、市招生录取的数据。通过各高校专业在各地的“招生人数”、“录取最低分”、“录取最高分”、“录取平均分”四大指标的精确数据，让考生掌握各个专业高校录取分数线的具体情况。

132
附录三：北京三十五所中央部属高校

北京大学、中国人民大学、清华大学、北京科技大学、北京化工大学、北京师范大学、北京外国语大学、北京语言大学、北京交通大学、北京邮电大学、中国石油大学、中国农业大学、北京林业大学、中国传媒大学、中央财经大学、中国政法大学、中央音乐学院、中央戏剧学院、中央美术学院、北京中医药大学、对外经济贸易大学、北京电子科技学院、北京航空航天大学、北京理工大学、北京体育大学、国际关系学院、华北电力大学、外交学院、中国地质大学、中国矿业大学、中国青年政治学院、中国人民公安大学、中国协和医院大学、中华子女学院、中央民族大学。

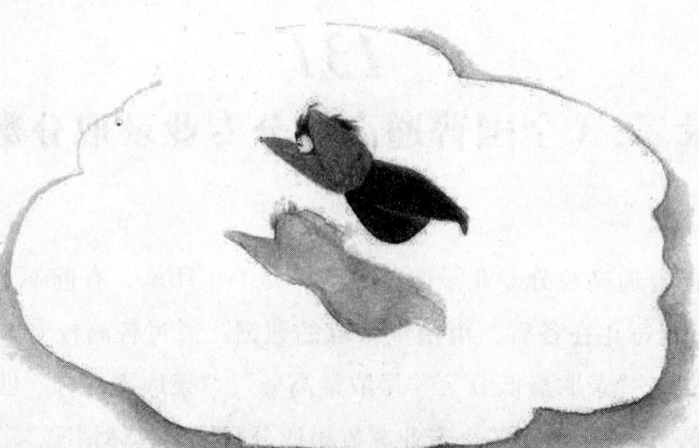

应考

133
高考第一天

高考第一天的心态对当天及以后几天的考试都有影响。为了愉快地走进考场，务必掌握以下几点：

一、人在刚睡醒时，头脑是不太清晰的。如起床过迟，急急忙忙赶到考场，由于心慌意乱，答题能力会大大降低。所以，应在六点半至七点起床。如果头天晚上没睡好，只要起床后精神好就行。洗漱完毕做体操，至少有三分钟的深呼吸。

二、早餐应清淡，一定要有富含蛋白质的食物，脂肪不宜太多，也不要含糖太多。少吃豆类及豆制品等易引起胀气的食物。牛奶因有一定的催眠作用，也不适于考前食用。早餐和平时相比，不要有太大变化，也不宜吃得过迟。

三、穿好衣服，拿上装考场用具的塑料袋，提前三十分钟抵达考场。

四、考后离场，绝不想考试成绩的好坏，也不与他人讨论考题与答案。

五、午饭后，最好午休半小时。

134

最好骑自行车赴考

高考那几天城区考点周围有交通保障措施，但交通问题依然是考生和家长们十分关注的焦点。

最好不用私家汽车接送考生，以免路上发生拥堵。如考点离家较近，可走路赴考；如考点离家较远，骑自行车是最好的方式。

2004年6月7日下午，陕西省榆林市就发生了一起交通事故，使百余辆汽车拥堵街头，在被堵的公交车、出租车以及私家车上，坐满了参加高考的学生。直至入场前十分钟，数百名考生下车狂奔。如果是骑车赴考，就不会担心交通拥堵的问题。赴考途中如发生问题，可向交警求助。

135

意外迟到怎么办

大汗淋漓匆忙赶到考场的考生，虽未耽误考试，但对考试还是很不利的。不过，迟到既已成为事实，就要正确对待，可镇静做好三件事：

第一，在试卷和答题卡的相应位置上，不慌不忙地填写姓名和准考证号。

第二，微闭双目深呼吸，努力克制自己，尽量缓和紧张情绪。

第三，全神贯注、集中精力答题，绝不再想已发生过的事情。

136
高考关键词：诚信

考生在考试前，要签署一份“诚信考试承诺书”，承诺自己在高考中自觉遵守国家教育考试纪律和有关规定。

“诚信考试承诺书”的主要内容是考生参加高考须知和须遵守的有关规定和各项考试纪律，以及考生违规处理的办法。

签署承诺书就意味着履行诺言，诚信考试，严格自律，做有信用的人。对考生来说，这不仅是个庄严的仪式，更是人生诚信教育的重要一课。

137
考试违规处理办法

教育部《国家教育考试违规处理办法》中规定，考生如有违规纪行为将受到如下处罚：

一、违纪考生将被取消该科成绩

《处理办法》规定，考生不遵守考场纪律，不服从考试工作人员的安排与要求，一旦被认定为考试违纪，将取消其该科目的考试成绩。

考生有下列行为之一的，应当认定为考试违纪：携带规定以外的物品进入考场或者未将物品放在指定位置的；未在规定的座位参加考试的；考试开始信号发出前答题或者考试结束信号发出后继续答题的；在考试过程中旁窥、交头接耳、互打暗号或者手势的；在考场或者教育考试机构禁止的范围内喧哗、吸烟或者实施其他影响考场秩序行为的；未经考试工作人员同意在考试过程中擅自离开考场的；将试卷、答卷（含答题卡、答题纸等）、草稿纸等考试用纸带出考场的；用规定以外的笔或纸答题或者在试卷规定以外的地方书写姓名、考号，或者以其他方式在答卷上标记信息的；其他违反考场规则但尚未构成作弊行为的。

二、考试作弊，所有成绩作废

考生作弊有十四种情况。只要被认定一科考试作弊，所有科目成绩即全部作废。

根据《处理办法》，考生违背考试公平、公正原则，以不正当手段获得或者试图获得试题答案、考试成绩，有下列行为之一的，认定为考试作弊：携带与考试内容相关的文字材料，或者携带存有与考试内容相关资料的电子设备参加考试的；抄袭、协助他人抄袭试题答案或者与考试内容相关的资料的；抢夺、窃取他人试卷、答卷或者强迫他人为自己抄袭提供方便的；在考试过程中使用通讯设备的；由他人冒名代替参加考试的；故意销毁试卷、答卷或者考试材料的；在答卷上填写与本人身份不符的姓名、考号等信息的；传、接物品或者交换试卷、答卷、草稿纸的；其他作弊行为。

138

特别提示

特别提示

1. 迟到十五分钟及以上者不能进入考场。

2. 入场后应坐在规定的位置上。

3. 在开始答题的信号发出前，不要答题。

4. 开考前如发现污损的试卷和答题卡，应立即向监考老师申请更换。

5. 试卷、答题卡以及草稿纸不许带出考场。

139

用冥想静心

考试时应提前半小时到达考点，要留出去厕所的时间。然后，在一个僻静的地方，最好是在绿荫下，用冥想静心。

有的考生在进场前几分钟，仍然抱着书本，这种做法徒劳无益，不会有什么效果。考生应在考前放松自己，进行短暂的冥想。在冥想时，双目微闭，舌尖轻抵上腭，两臂自然下垂，双手轻轻握拳，全身放松，把注意力放在自己的肚脐处，用腹式法深沉吸气，缓慢吐浊，反复进行。这种呼吸法，可增加大脑的供氧量。此时，可想象自己在白云中飘游，或躺在金色沙滩上，或是走入一片绿色的森林。总之，幻想自己处在一个幽寂且令人喜爱的地方。这些想象可引起美好的感觉，消除对考试的担心。

冥想可体验平静安谧，祛除焦虑，从而引发一种安稳的心态。良好的心态使人思维敏捷，考生能否理智从容，放松心情，甚至比掌握知识更加重要。

140
轻松自如进考场

走进考场时的紧张，是客观存在的现象，这种现象是正常的，很快就会过去，不必为此担心。

为了消除紧张，走进考场时要轻松自如，稳定情绪的关键是自信。也可在进场时嘴里含一颗梅子或带酸味的东西，用口中的酸味来提神。不要把高考看得很神秘，要把它当成一次普通的考试，和平时参加期中、期末考试一样。其实，只要你全心投入答题过程，很快就会进入一种忘我境界。自信是主观能动性的闸门，是成功的第一秘诀，对此，一定要坚信不疑。在考场上不要左顾右盼，而要一面静心答题一面默想：“我一定能成功”。在言语的暗示下，你能最大限度地发挥自身的能量。

在开始答卷前，如果心里一时很乱，无法平静下来，可凝视教室中的某个固定点，努力使自己的视线变得单一，这也就是心理学中所说的“意识变窄”。此时，变窄的意识能使思维集中，心情也会随之镇定下来。

有两个影响考试的因素，一是学习水平，一是在考场上的心理状态。所以，一定要保持冷静，做到眼里、心里除试题外别无他物。

141
怯场是一种自然反应

在参加高考时，考生怯场是一种常见的现象，即使平时学习成绩优秀的考生，进入高考教室，也会产生与平常考试很不一样的心情。值得注意的是，有的考生由于精神过度紧张，使正常的心智活动失衡，思维受到钳制，导致思路紊乱。

怯场主要是由以下几种原因引起的：一、社会与家庭的压力；二、参加高考的目的性过强；三、考前过于疲劳；四、情绪的稳定性不够。

不过，怯场乃是心理上的一种自然反应，如果只有轻度怯场而思路正常，是不必介意的。人过度紧张了不好，但不紧张也不好。心理学中认为，适度的紧张是准备成功的征兆，人往往在适度紧张的时候才能发挥较好的水平。

为了克服严重怯场的现象，要提前抵达考点，在教室外面转一转，以消除陌生感，也可服几粒仁丹，或在太阳穴上擦一些清凉油，都可使情绪稳定。通过言语暗示也能保持一种“有备无患”的状态。

142
言语暗示

暗示是接受一定的信念，达到情绪自我控制的有效方法，如在体育锻炼时，吸气时想“吸进力量”，呼气时想“吐出污浊”，这种言语暗示就能使人精神振作。同样，在考场上，当你觉得紧张时，可默想“沉着、冷静”等暗示语。

来自自己的暗示，称为自我暗示。自我暗示是一种自我刺激的过程，这种内蕴会产生一定的效应，发挥意想不到的能量，改变自己的思想和行为。因为，心中如有必胜的信念，就会勇往直前。

考试中，千万不要频频看表，这样会分散注意力。

143
答题前要做的事

进入考场后，发卷前可做一些放松运动，如眼睛盯着一个位置，一边深呼吸，一边默默数数，屏息一会儿，再把浊气缓缓吐出。这种运动可抑制心跳速度，减低紧张情绪。

答题前，要利用短暂的时间做以下几件事：

一、仔细阅读考卷上的答题须知及说明，注意听监考老师的补充说明，明确考试的要求和试卷的要求。

二、从头至尾地通览全卷，大体了解考题的数量、类型、结构和分值比例等情况，同时根据考试时间，估计一下每道题的答题时间，做到心中有数。通览全卷要快速，以在两三分钟内完成为宜。

三、弄清试卷的页数是否相连，有无缺页、漏印或字迹不清的地方，如发现问题及时向监考老师报告。

四、用清晰的字迹准确填写姓名和考号。

五、动笔后，应先做自己会做的题目，将难题留到后边去考虑，以争取时间，并为减轻紧张创造一个良好的开端。

144
审题小贴士

答题先要审题，把题目的类型、要求弄清楚，才能找到有效的解题线索。审题切切不可慌乱，不可浮皮潦草，应做到准确无误。有的考生在考后总认为自己把某题做对了，结果却失了分，往往是没有把握好题意的缘故。如题目需要回答几个要点，可先记在草稿纸上，以免答题时遗漏。审题虽占用了一些时间，但为答题的准确奠定了基础。

审题要特别注意题目中的关键词，如“简述”、“论述”、“概述”、“列举”、“比较”、“论证”、“分析”等，不要把它们的意思弄混。如要求列举，你就列举，要求比较，你就一定要比较，题目中的每句话、每个符号都不可遗漏。要把题目给出的已知条件全部分析出来，包括一些隐含的已知条件在内。审题应尽量做到稳和准，边读题，边打腹稿。

任何试题都由三个部分构成：一、解题条件，二、发问事项，如“证明A和B的关系”或“这句话的意思是什么？”三、解题的规则，如“在正确的答案上面画圈”、“在空白处列出答案”等等。审题要看清题目中有几个问号和句号，一般来说，有几个问号或句号就有几个需要回答的问题，千万不可漏看或错看。答题最忌讳没有审清题意就动笔，审题有误，就意味着必将劳而无功。

审题千万不要先想答案是什么，而要想问的是什么。如基础扎实，看见一道题，马上就会知道这道题主要考的是哪个知识点，完全是一种条件反射，可在几秒钟内完成。

有数据显示，一个有丢三落四毛病的考生，高考成绩如果是四百分的话，改掉马虎的毛病后，其分数可增至五百分，因为他至少有一百分是因粗疏而丢失的，在许多该得分的地方丢了分，实在可惜。所以，在审题时，要暗暗告诫自己不要急，稳扎稳打才有可能取得好成绩。

145
答题有序

面对考卷，首先应浏览一遍，大致观察一下题量大小、答题要求和评分标准，先按题目的难易程度分配答题时间。在任何科目的试卷中，低、中、高的题目都是从前到后的排列，但答卷不一定按照题号的顺序，基本要领是先易后难、先熟后生。自己会做的就是易，做过的题型重现就是熟。在考试的后半段，剩下的时间若两题皆可答，应先做得分高的。可将试题分三批来做，第一批是有把握的试题，第二批属力争的范围，第三批做难题。由于前面胜利在握，此时难题就有可能唾手可取。所以，对于学习成绩一般的考生来说，以从头依次往后答起为宜。

做题时应先做基本题，即填空题、判断题，再做中档题，最后做综合题。对于填空题和判断题要努力做到不丢分。中档题往往内含数个知识点，要转几个弯子才能答对，此类题力争得分，最后再把注意力集中在难题上。对难题不要望而生畏，要把这类题目当作容易题来做，把问题分解成一个个小部分，层层剥离，步步深入。中等水平的考生一定要在中、高档题目中努力发挥，答不全也不要紧，以求获得阶段分，以不留空白为原则。

考试中要十分注意时间的分配，高考题量较大，必须争分夺秒，写出一题就占领了一片阵地，做题要快速规范，不可拖泥带水。在答题的最后，要留出复查的时间来。

146
解题要领

解题要领在于抓住题目的发问事项进行分析，辩证思维是进行分析的方法。

要想解题成功，必须从三个方面着手：

一、提取有关基础知识，回顾已做过的典型题的解题思路。

二、通过综合、推理，获得解题方案。

三、解答运算，做到卷面整洁、字迹清楚、速战速决。不要把符号、数字、人名、地名和术语写错，写清量值的单位。要注意书写格式，规范答题。

解题法很多，常用的有逼近、剖析和淘汰等三种方法。逼近法是从现象逼近本质，从不深刻的本质逼近到比较深刻的本质；剖析法是对一个范围较大、内在因素较多的复杂问题进行分解，把它分成若干部分，然后对这些部分加以研究，弄清楚整体的各个部分，这样，整体也就历历在目了；淘汰法是对题目中的各个方面进行排查，摒除其中无效的或错误的方面，从中找到决定本质的方面，特别在解答辨别正误的选择题和改错题时，可先把明显错误的答案舍去，再集中分析余下的答案，从中选出正确的来。

在回答是非题时，题目中凡使用极端的副词，如“全部”、“凡是”、“绝对”、“一定”等，大多是错误的，可回答“是”的题，其叙述一般都比较流畅。在遇到熟悉的题时，不要欣欣然，其实，在高考中遇到做过的题目并不多见，而且愈是这样的题愈要细心分析，防止在细节上审题失误。碰到“眼生”的考题也不需紧张，人往往是越急越出错。考生要坦然面对所有题目，不因易而疏忽，也不因难而慌乱。考题难并不奇怪，之所以认为它难，只是自己还没有对那个题目进行实际操作而已。

答案要简明扼要，不可无限拉长，因为如未能涉及要点，写得再长也不会得分。同时，答案要文字清晰，切勿龙行虎步或大涂大抹，潦草的卷面会减少得分。

当你翻开考卷时，某大题的要点可能会立即浮现于脑，此时应把呈露的要点立即记在草稿纸上。对一时无法解答的问题，最好置于一旁，当问题从意识上消失时，再重新思考，也许可能引发出解决的办法来。许多人都有这样的体会，当我们不再思考某个问题时，却凭直觉恍然大悟，问题的解决办法会突然浮现于脑，阿基米德就是在澡盆里发现了浮力理论的。如你对两个答案犹豫不决难于取舍时，选择直觉中的第一个答案较为保险。

对许多考生来说，考试时间往往十分紧张，故此，解题要一步一个脚印，力求一遍正确，不要寄希望于复查。

答题时要留下空间，不要一开始就写满，否则在复查中发现需要补充的，就无处下笔了。

147
答卷提个醒

数学

先易后难，先熟后生，先小题后大题，是数学的答题原则。

高考数学解答题是多问渐难式的题目，解答时要准确掌握数学语言，包括文字、符号和图形在内。运算要认真，步骤要严密，一次就要做正确。有些题的解题思路可能有多种，但一定要逻辑关系一致才会得分。高考数学是按步骤给分的，并不考虑试卷上文字的多少。在考试的后半段时间，若估计两题都会做，应先做高分题。在整个答题过程中，不要在小题上纠缠不休，但也要防止因大题耗时过多而影响整体。试卷最后的题属于拔高性质，如实在不会做就不要抓住不放。

语文

语文的标准答案不是唯一的，考生回答问题也可能跟标准答案不完全一致，只要把握住题目的主题思想，一般都会得分。

遇到综合性很强的题，应采取分解的方法进行处理。把大题分解为若干部分，做出每个部分后再综合起来，求得完整答案。遇到难以回答的题目时，要凭直觉从容地写下你的答案，以不留空白为原则。

作文一定要有题目，不要因题文发生偏差而导致失分。主题是文章的灵魂，千万不可跑题。应求实避虚，从构思入手，写出真情实感，特别要有一个好的开头和好的结尾。不终篇的作文是要扣分的，所以，宁可短尾也不可无尾。另外，作文的字数应与要求相近。

作文评分占语文总分数的比重较高。一个新颖的题目，一个吸引人的开头，主体部分论证清晰，再加上一个意味深长的结尾，就不失为考场上的一篇好作文。

英语

英语考题的内容主要是单词、语法、阅读和写作。

语法重点应掌握时态、非谓语动词以及定语从句三大块内容。完形填空是把阅读和单项填空结合起来的题目，应把内容看懂后再做，如看一个空填一个词，就有可能走题。阅读理解题可能涉及其他学科的知识，要把题干的主要内容弄清楚，找出关键句和关键词，注意一定要在阅读过程中把设题部分做出记号，这是要重点分析的部分。

在英语作文中，文体要统一，主题要突出，文字要连贯，内容要一致，语言要流畅，首尾要呼应，不要按照中国人的思维模式去造句。作文中最有可能失分的是出现不成句子的句子，不要写中国式的英语，要尽量使用自己熟悉的单词。文章的格式要符合题目的要求，特别要注意书写整洁。

在口试中，心理承受能力很重要，千万不可慌乱。最好礼貌地用英语问候监考老师。

历史

文字的叙述比较多，在书写时，一定要注意层次，最好用阿拉伯数字排序。回答问题一定要问什么答什么，千万不要下笔千言，离题万里，把不相干的内容罗列上来。有的考生虽然写了很多，但由于前提或结论有错，或回答不准确，得分很低。在材料题中，要注意有无“结合所学知识”的提示。如有此提示，应将课本中有关知识点结合材料反映到答卷中；如无此提示，则要就题论题，从材料中寻找答案。

要用整体世界观来归纳历史事件，在深层次上答题。

地理

综合题一般以区域地理为载体，围绕一个中心问题，从不同侧面或从事物的不同层面来设问。因此，必须用区域研究的方法，用整体性思维，围绕着在哪里、有什么、为什么、做什么来回答问题。

答题要层次清楚，有的放矢，有理论说明，使用科学语言。

政治

每道题都有自身的特性，但是，只要弄清试题的特点，明白考的是什么，就能利用所学知识做到具体问题具体分析。

一定要合理安排时间，答题的速度要快。政治题要全做，因为写了才可酌情给分，力争交一份答题完整的考卷。

物理

要注意审题，最好要根据题意，画出物体运动过程中的几个关键状态的情景图。在力学题中，一定要把所有的力画出来，然后进行受力分析。要善用图来帮助自己理解题意。

化学

化学题不可能很难，但审题一定要仔细，不要答非所问。

化学考不好，主要是概念不清，该记的东西没记住，只有在全面掌握知识的前提下，做题才有结果。要特别重视大题，像有机部分中的分子结构、各种反应式、糖类脂类的分子式等，都是易混难记的，化学的大题入题容易深入难。

在化学考试中，有的考生因对“元素”、“化学公式”等表达不准，如将水分子 H_2O 写成 H2O，将 Fe^{2+} 的加号漏了，从而被扣分。

生物

至少要用半小时的时间来回答生物题。生物与其他科目相比，是拿分的科目，关键是能拿多少分的问题。

一定要仔细阅读题目，应在问题中搜索知识体系中的相关理论。生物主干题年年考，主干即遗传、代谢、生态和调节。非主干题则轮流考。

148
答题技巧问答

一问：有没有一个具体的答题要领？

答题要领随学习科目而异，很难有一个统一的说法。但答题也不是没有规律可循，如审题要仔细，概念要清楚，表达要完整，书写要规范，等等。在方法上，要先易后难，先简后繁，合理分配时间等。

二问：最后一道题是最难的吗？

难题随人变化，这个人认为是难题，那个人不一定认为难。高考试卷有一个合理的难度，中等程度的考生在规定时间内可以做完。最后一道题，一般是综合性较强的题目，最好是做，能做几步做几步，争取取得步骤分。

三问：遇到难题怎么办？

高考试卷出现难题是正常现象，遇到难题不要紧张，因为越紧张出错就越多。如一时棘手，可用铅笔留下记号，先做别的题，最后再攻坚。

四问：怎样回答选择题？

回答选择题时应先排除明显错误的答案。一般来讲，两个答案相似，两个可能全错；两个答案相反，其中一个为对。

五问：遇到熟悉的题目怎么办？

答题可能遇到多种情况，不论遇到哪类题，都要一丝不苟。如遇到熟悉的题目时，无须窃喜，因为掉以轻心会手下出错，一定要克制谨慎。要仔细分析题目的要求以及与做过的题是否相同，千万不可轻率，越是似曾相识，越是要细心。

六问：对似是而非的考题怎么办？

高考题有可能分段得分，考生答对一个知识点，即可获得相应的分数。所以，对此类题应是能做一步做一步，能做两步做两步，不可懈怠。

七问：怎样才会有快速运算的能力？

高考的题量较大，考生往往会觉得时间不够用。为了使自己的运算速度加快，要改变在草稿纸上做一遍、再在考卷上抄一遍的做法。这看起来平常，但如果切实做到，就会节省不少时间。需要说明的是，提高运算能力，要靠平时训练，在复习中严格要求自己。

149
答卷要复查

认真复查，是高考答题流程不可忽视的环节。因为在考试中阅读、书写的速度都会加快，再加上紧张，会导致卷面疏漏增加，故在答题后一定要冷静下来，对试卷进行全面复查。

不到时间不交卷，是考场的惯例。即使自己十分有把握，也要留出复查的时间，即使有人交了卷，你也不要受丝毫影响。考试中看重的是分数，而不是抢先交卷。提前一分钟交卷，就减少了一分钟的复查时间。

复查卷面的时间可能不太宽裕，在这个时间里可着重从几个方面入手：

◆ 选择题和主观题试卷都写明姓名和考号，因为它们是分别装袋、分别评分的。

◆ 有无漏答。如印制在一页末尾和换页开头的题目，图表题后的题目，试卷有一定长度或一题多问时，都有可能出现漏答。

◆ 理科试题数据的单位、小数点的位置以及正、负符号有无错误。

◆ 一定要复查答题卡上有无漏填，已涂的答案与试卷上的号码是否一致，填涂是否符合标准。阅读器有识别黑灰度的最小值，若涂色太浅，机器会认为未涂不给分，因此，涂黑的颜色一定要深一些。

◆ 复查运算量较大的题目，尤其是分值在十至十五分的综合题，必须复查。

◆ 对于某个在第一遍答题时把握性不太强的题目，可从另外的角度考虑一下。但不要轻易改动答案，除非你绝对肯定前面的答案是错的。

◆ 如你确实无法做出某道题来，只要不倒扣，就要大胆地去猜，不要放过可能得分的机会。

◆ 当你发现一道题有错，需要重做时，在写出正确答案前，不要把错误的答案抹掉，要将这个答案暂时作为思考的材料。

走出考场，就不要再想刚才考题做得如何，而应把注意力转在下一门考试上。如果一直惦记着上一门的考试，没有一点好处。

150
为什么查不出错误来

复查答案是考试中必须做的事，但有的考生反复检查却发现不了错误，这是什么原因呢？原因有四条：

一、缺少逆向思维。如数学运算的答案，应尽可能在倒过来的推演中进行检验。

二、缺少相异角度。只有从不同的角度来观察，才能做出正确的确认。

三、没有转换思路。若用固定的思维模式和用不变的方法，并受“习惯化”的影响，即使检查的次数再多，也难以找出纰漏来。

四、只检查答案，没有再去看题目问的是什么，虽然答题过程和结果都对，但与题意不符。

151
附录一：自我暗示

心理学家认为，在无对抗态度的条件下，用含蓄、间接的暗示方法，可对人的思想行为产生影响。这种影响表现为使人按一定的方式行动，或接受一定的信念。暗示多采取言语的形式，当然，也可用手势、表情或其他方式来进行。暗示可来自他人，也能来自自己。来源自己的暗示称为“自我暗示”。

自我暗示是一种自我刺激的过程，可引起人在心理、生理方面的相应变化。人在感觉、知觉、记忆、思维、想象、情感、意志等方面，都能受自我暗示的影响。

这种现象，在医学上被称为“自我暗示疗法”，或称为“内视想象疗法”。

152
附录二：望梅止渴

望梅止渴的典故记载在南朝宋刘义庆的《世说新语》中，说的是三国时期曹操带兵走到一个没有水的地方，士兵们口干舌燥。曹操对士兵们说：“前面就有一处大梅林，吃到梅子就可以解渴了。”士兵听了，都酸得流出口水来。

大脑产生的想象，会帮助人进入深刻的回忆，例如，想到品尝梅子，就会在口中产生唾液，就像真的品尝行为发生了一样。所以，考生在考场上的某种想象，如同望梅止渴一样，可产生稳定情绪的实效。

153
附录三：费米思维

于1938年获得诺贝尔物理学奖、在1938年领导建成世界上第一座原子核反应堆的恩科里·费米，是一位美籍意大利科学家，他曾提出了一种处理难题的思维方式。他说，当你听到一个问题，可你对问题的答案丝毫不知，你肯定会认为所提供的信息或已知条件太少了，因而无法解决它。但是当这个问题被分解成几个次级问题，每个问题不用求教专家或书本都能解答时，你就接近于得到准确的答案。比如，你想知道地球周围的大气质量是多少，这个问题处理起来好像无从下手，但是稍有物理知识的人都知道，一个标准大气压约为1.01×105帕，大气有压强完全是因为大气有重力，而地球半径约为六千四百千米是我们熟悉的物理量，求出地球的表面积后再乘以大气压强的值，我们就顺利地得到地球周围大气的总重力，进而顺利地得到地球上空气的总质量。

循序渐进，由易至难，分段思考，迅速得到结论，是费米思维的方式，其要点在于把看似不可解答的问题划分为小问题逐个解决，从而根据很少的已知条件得到较为精确的结论。

154
附录四：常见题型

填空题	计算题	改错题
考查掌握关键问题和关键词汇的题目，重点考查再现能力和理解能力。	考查计算能力和计算速度的题目。	考查判误能力的题目。
问答题	**论证题**	**判断题**
考查综合解答题和运用知识水平的题目。	考查逻辑推理和论证能力的题目。	考查辨析能力和判断能力的题目。
综合题	**选择题**	**作图题**
考查分析、解决问题能力的题目。	考查理解和辨别能力的题目。	考查空间想象能力和综合绘图能力的题目。
名词解释	**实验题**	**论述题**
考查掌握基本概念的题目。	考查实验基本功的题目。	考查逻辑推理和判断论证能力的题目。
简答题	**是非题**	
回答问题要简约，要压缩实例和论据的字数。	考查区别是非真伪能力的题目，常以短文形式出现。	

155

附录五：作文题的体例

看图作文 根据提供的画面意境及相关要求写出文章。	**命题作文** 试卷给定作文题目，考生根据题目作文。	**读后感** 阅读一篇文章，写自己的心得体会。
条件作文 给出一定的限制条件，如时间、内容、主题、体裁等条件要求作文。	**半命题作文** 试卷给定作文题目的一部分，另一部分由考生来补充。	**续写** 给出文章的前一部分，要求考生继续写下去。
供料作文 给出一定的材料，考生根据材料写文章。		

156

附录六：2007、2008年部分省市作文题一览

2007年部分省市作文题一览

全国统一卷（1）：人生，诗意还是失意

全国统一卷（2）：关于“帮助”

重庆：酸甜苦辣说高考

山东：时间不会使记忆风化

上海：必须跨过这道坎

湖南：诗意的生活

广东：传递

江苏：怀想天空

浙江：行走在消逝中

福建：季节

辽宁：我能

江西（二选一）：心中的一泓积水　想说爱你不容易

北京：细雨湿衣看不见　闲花落地听无声

2008 年部分省市作文题一览

全国统一卷（1）：与“抗震救灾”有关的材料作文。提供了包括捐款、救援队等六条与抗震救灾有关的素材，要求考生完成作文，不限题材。

上海：他们

江苏：好奇心

重庆：生活在自然中

广东：不要轻易说“不”

安徽：带着感动出发

浙江：触摸城市与感受乡村

山东：春来草自青

天津：人之常情

湖北：举手投足之间

贵州：海龟和老鹰　材料作文

宁夏、海南：小兰和妈妈都喜欢看小鸟飞翔，听小鸟唱歌，她们第一次养鸟，妈妈忙女儿贪玩，没几天小鸟就饿死了；第二次养鸟，母女俩要好好地养小鸟，养了一个月小鸟长得很好，可朋友说你们残忍地剥夺了小鸟自由唱歌、自由飞翔的权利。母女很不舍地将小鸟放飞了；第三次亲密接触小鸟，是因为收到一封放生活动的邀请函，信函说放生活动既环保又慈善，母女俩买了两对小鸟兴高采烈地去参加了放生活动，爬上山头看见参加放生活动的有好几百人，一鸣炮响起，千鸟齐飞，有人笑容灿烂，有人虔诚合十，母女下山后听到花鸟市场老板兴奋地说："自从有了放生活动，小鸟的需求量大增，要每天起早贪黑捉鸟才能供得上。"请以此为话题，写一篇作文，题目自拟。文体不限，字数八百左右。

高考早知道

Gao kao zao zhi dao

考后一个月

157
考后一个月

人们往往关注考生在考前以及应考期间的心理负担，而对考生在笔试结束到发放录取通知书这段时间的心理状况，往往容易漠视。

笔试结束，绝不意味着考生的情绪会自然稳定。有的考生估分后，认为考得不理想，于是便“提心吊胆”，他们把高考的失败看作前途的终结。有的即使考得不错，也担心是否能被理想的大学录取。可以说，在这个时期，考生惶惶不可终日，十五个吊桶七上八下。这是考生心理活动最为复杂的时期。

在此期间，许多考生的心理是过度焦虑的。当然，最好是对高考泰然处之，不要多想考得如何，不要多想考分，要保持轻松愉快的心情。此时，家长应注意和考生沟通，保持良好的家庭气氛，使考生拥有宁静的心态。

另外，考生还要积极参加体育和文娱活动，从而缓解过度的心理焦虑。

158
考后几天干什么

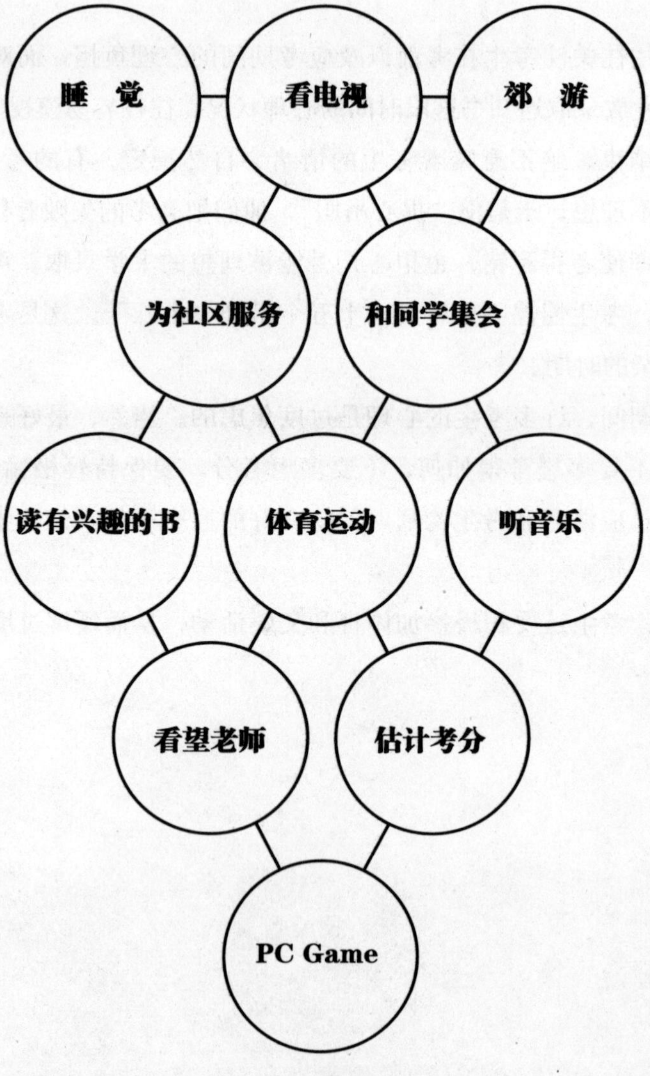

159
外语听力及口试

外语听力考试录音由广播电台播放。电台信号差的考点及日语、俄语考点由考场播放录音。考生在原考场参加考试。

要特别提醒的是，外语听力考试是全部高考科目中唯一规定考前十五分钟后不能进场的考试。开考后至考试结束前考生一律不得提前退出考场。另外，考生应边听录音边将答案注在试卷上，待听力测验结束后用 2B 铅笔将其转涂在答题卡上。答在试卷上的答案无效。

考生必须准时参加听力考试，逾期不能补考。

外语口试是高考的组成部分，其成绩是高校外语类专业录取的重要依据之一。参加外语口试的考生，在规定时间持准考证、外语口试通知单及口试费到指定的口试点参加口试，过时不予补考。口试的内容一般包括朗读、就所读故事回答问题、自由谈或口语小作文几部分。外语口试成绩为五、四、三、二四级分制。口试成绩与高考各科成绩于六月底同步通知考生。

160
体检与专业

色弱、色盲： 不宜报考化工、纺织、印染、铸造、冶金、绘画、美术、印刷、医学等专业。

屈光不正： 不宜报考飞行技术、航海技术、海洋、科学、刑事科学技术、侦察、消防工程、轮机工程、核工程与核技术、运动训练、服装设计与工程等专业。

两耳听力在三米以内，或一耳听力在五米另一耳全聋： 不宜报考外国语言文学、外交、新闻、法学、侦察、学前教育、音乐、录音艺术、医学、动物医学、动物科学、交通运输、土木工程等专业。

乙肝表面抗原阳性： 不宜报考航海技术、飞行技术、烹饪工艺、烹饪与营养、食品科学与工程等专业。

口吃： 不宜报考表演、音乐、公安、医学、新闻、外交、教育等专业。

161
六类患病考生不被录取

患有以下六类疾病的考生，有可能被报考高校拒绝录取。

1. 严重的心脏病（先天性心脏病经手术治愈，或房室间隔缺损分流量少，动脉导管未闭返流血量少，经二级以上医院专科检查确定无需手术者除外）、心肌病、高血压病。

2. 重症支气管扩张、哮喘、恶性肿瘤、慢性肾炎、尿毒症。

3. 严重的血液疾病、内分泌及代谢系统疾病、风湿性疾病。

4. 重症或难治性癫病或其他神经系统疾病、严重精神病未治愈、精神活性物质滥用和依赖。

5. 慢性肝炎病人并且肝功能不正常者（携带肝炎病原但肝功能正常者除外）。

6．结核病除下列情况外可不予录取：原发型肺结核、浸润性肺结核已硬结稳定；结核型胸膜炎已治愈或治愈后遗有胸膜肥厚者；一切肺外结核，如肾结核、骨结核、腹结核等，血行性散型肺结核治愈后一年以上未复发，经二级以上医院或结核病防治所专科检查无变化者；淋巴腺结核已临床治愈无症状者。

总之，对患有传染性疾病、精神性疾病、血液病，以及学习生活不能自理的考生，高校可以不予录取。患其他疾病的考生，只要不影响专业学习和其他学生，录取时可不受限制。

162

面试

高考笔试结束，大约二十天以后可电话查分，六月底发布最低录取分数线。此时，有些高校要对报考学生进行面试。

面试的手续： 需携带高考准考证、高考成绩通知单、本人近期一寸同底免冠照片两张。报考军校、武警部队院校的上线考生，携带由招生办公室统一下发的面试通知单到指定地点面试。

面试的内容： 身高、体重、视力、五官、体型、口头表达、思维反应、神经稳定性、有无传染病史、有无斜肩、驼背、罗圈腿、有无文身等。

面试的结果： 分合格与不合格两类。报考军校、武警部队院校的考生，在面试现场领取军检表，参加军检。

163
高考录取体制

近年来，某些高校实行了自主招生，扩大了高校的录取自主权。在同一批次中，突出了考生志愿在录取中的作用。参加不同批次录取的高校，执行该校所在批次的录取控制分数线以及德、智、体全面考核、综合评价的方针，按志愿从高分到低分择优录取。

参加提前批次录取的军事院校、武警部队院校、公安类院校、中国民用航空学院，实行“学校负责制”，即招生学校根据有关规定，在本校控制分数线以上可按考生志愿确定考生档案调阅数量，录取与否由学校决定，遗留问题由学校负责处理。

第一批、第二批、第三批及专科批次录取学校实行“学校负责、招办监督”的录取体制。即在同批录取控制分数线以上，调阅考生档案数量一般在学校招生计划数的120%以内，具体调档比例由学校确定，考生录取与否及所录取专业由学校决定。学校负责对考生进行解释及其他遗留问题的处理。

高等学校不得拒收符合本校录取条件的非第一志愿考生，但对录取非第一志愿考生的要求由学校确定，遗留问题由学校负责处理；当考生德、智、体和高考总成绩及相关科目成绩大体相当时，招生学校不得退掉第一志愿的考生而要求录取非第一志愿的考生。在此过程中，高校招生办公室将实行必要的监督和服务。

164
落榜的N种原因

高考是带有选拔性质的考试，因此“落榜”是录取中必然会出现的现象。

考生落榜的原因，大体上有以下几种：

一、考试失利。有的考生考试出现失误，有的考生父母早早就决定让考生复读，使考生放松了对自己的要求，也有的考生对高考持不在乎的态度，结果必然落榜。

二、第一志愿填报过高，志愿与成绩不相符，其他志愿与第一志愿又没有梯度。此类落榜考生占了全部落榜考生数量的很大比例。

三、相关科目分数偏低。许多高校十分重视与招生专业有关科目成绩的高低，可能会录取一些相关科目分数高而总分略低的考生。有些考生往往忽略了这点，不根据自己的特长，只根据自己的愿望填报志愿，最终难免落榜。

四、“热门”专业志愿拥挤，“冷门”专业生源不足。“热门”与“冷门”专业，是相对而言的。如专业填报志愿人数较多，录取分数相对较高，就形成所谓的“热门”；如填报志愿人数较少，就形成所谓的“冷门”。某些高校“热门”与“冷门”专业之间的录取分数可相差十几分、几十分甚至上百分，如盲目报考热门专业，也有可能落榜。

五、本地院校志愿拥挤，外地院校生源不足。在大城市，这种现象尤其严重。由于外地院校缺少生源，出现了报外地院校的考生分数虽低但被录取、报本地院校的考生分数虽高却落榜的现象。有时，报外地院校的考生分数低但上了外地院校比较好的专业，报本地院校的分数相对较高的考生，却连本地院校“不如意”的专业也上不了，同样是出于这个原因。

六、身体条件不符合所报专业的要求。这样的考生每年都有，以深度近视、色盲、色弱、小儿麻痹后遗症者为主。在这些考生中，有的是因为没有认真研究体检工作指导意见，填报了限报专业；有的考生并未填限报专业同样落榜了，这是由于随着招生和毕业生分配制度的改革，学校的自主权不断扩大，学校对上线考生进行了全面衡量的缘故。

考生落榜还有一些其他原因，比如男女比例要求、特长要求、是否符合走读条件等。以上这些情况综合起来，就更加复杂。

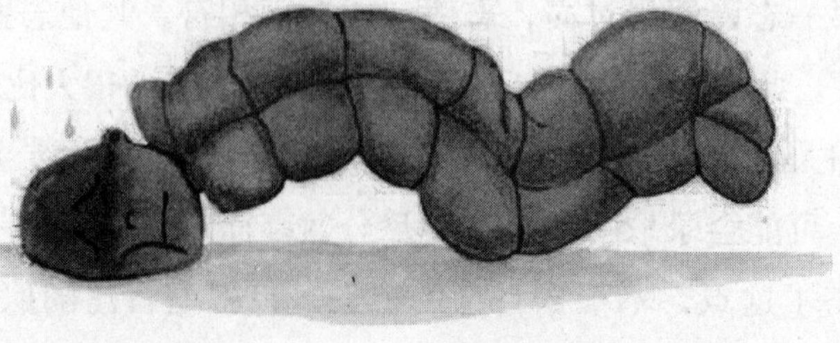

165
如何选择民办高校

民办高校可分为两种。一种是获得教育部批准、可自行颁发学历的；另一种是实施非学历教育的，入学后需要参加自学考试。

譬如，某校在招生告示中说："面向社会招收落榜生，不经过考试可直接入学，学习成绩合格颁发国家承认的大专学历证书。"这里的学习成绩合格，指的是参加国家组织的自学考试。众所周知，即使教学资源再好的学校，自考的通过率也难以达到百分之百。

收费混乱现象在一些民办高校是堂而皇之的，像"转专业费"、"赞助费"、"假期住宿费"、"补考费"、"重修费"、"答辩费"等等。这些已被查处的"教育乱收费"项目在公办高校已不见踪影，但在有些民办高校依然存在。

选择民办高校除须对学校性质、收费标准进行考察外，还要了解以下内容：学校名称、地址、办学类型、招生类型。从总的情况看，民办高校的毕业生就业率相对较低。

166
民办高校看点

近几年，民办教育市场比较混乱。有些民办学校违规招生，扰乱了整个行业。同时，也有些不法分子利用民办高校计划外招生的政策进行网络诈骗，假冒民办招生网进行欺诈或利用网络黑客盗取学校的生源。学生及家长由于不了解情况，常常陷入圈套，致使一些考生一听到“民办学校”就觉得是骗人的把戏。

为了规范民办高校的招生行为，政府出台了三大公益性举措：

第一，由教育行政部门、民办教育协会、消费者协会联合印制《民办高校求学信息》并向社会发布，注明招生类型和学历层次等相关信息，使民办高校名称清晰化、办学类型和学校性质明确化。

第二，公示民办高校办学状况信息查询网址。

第三，开通民办高校短信查询业务，以短信提示和回复查询的方式，帮助考生认证学校。

167
留学市场

出于各种考虑，尤其是希望孩子能有更好的就业选择，有的家长准备送孩子去海外“镀金”。

近年来，在美国高校的呼吁下，美国政府放宽了留学签证的发放标准。在美国，一般普通院校只要求国外学生出示托福语言考试成绩即可。澳大利亚宣布了加强澳大利亚与亚太地区国家教育合作关系的新举措，把澳政府为亚太地区学生提供的教育奖学金名额增加了一倍。英国高质量的教育体系为中国留学生瞩目，便利的签证政策以及近年来颁布的众多工作延签政策，吸引了一些中国留学生。亚洲国家留学费用低廉成为优势，如日本将着手改变留学政策，预计将进一步增加奖学金名额，以鼓励外国留学生到日本读书。日本国立和私立大学颇丰的奖学金制度将是吸引中国留学生的法宝。新加坡最吸引人的条件之一是学生可以在当地就业。在马来西亚，一般每年留学费用要人民币五万元至六万元，在新加坡和韩国，一年的留学费用要人民币七万元到八万元，日本则要十万元左右。另外，日本、韩国以及马来西亚准许学生在留学期间通过勤工俭学的办法赚取生活费，而且中国的文化背景与这些国家也比较接近，中国留学生也更容易适应当地的环境。

专家提醒说，中国学生去国外择校就读一定要提高警惕。部分海外学府虽有一定的知名度，但有的专业未必是强势专业。择校首先要寻求办学质量有保证、办学声誉好的学校。在择校时应把适合自己的专业作为首选，不要听信一些机构或个人出于商业目的发布的各种不真实的留学信息。另外，对留学中介机构的工作流程和服务细节也要了解清楚。

168

如何报考高职和专科

专科批次的录取分数线，大约在八月初公布，考生可以挑选专科学校和专业报名。

判断一个专业有无前景，一定要与整个国家经济结构的调整结合起来；判断一所高职或专科院校的优劣，关键看它的办学条件和往届毕业生的就业率。当然，选择国家奖励立项的学校相对较好。

169

复读之路

每年高考成绩公布后，都有一些没有实现自己目标的考生选择复读。复读给失利的考生一个重新选择的机会，而这个机会往往能改变一个人的命运。

在复读之路上，不同分段的考生有不同的追求，他们复读的心态也不一样。

在一个复读学校里，每年考入清华、北大的学生数量不是衡量这个办学机构优劣的标准。衡量的关键在于该校当年高考上线率是多少，考生经过一年的复读，能否获得提高。理想的复读学校要有良好的学习气氛，有名师的指引。管理一流，师资一流，办学效果才能一流。

影响复读效果的重要问题是心态。有相当数量的复读学生情绪不稳定，存在心理压力和焦虑，主要是因为高考失利受到挫折。复读效果在很大程度上取决于复读者的心态，要努力走出失利的阴影，专心复习，相信来年定比今年考得好。

170 选择复读机构

所有复读学校都是民办性质的教学机构。怎样选择一所理想的复读学校呢？以下几点需要注意：

一、有无办学许可证

要留意是否具有教育部门颁发的《社会力量办学许可证》，是否通过了教育部门每年正规的检验。

二、了解办学条件

弄清该学校有无固定独立的教学场所，有无独立的教室。

三、了解师资情况

弄清任课教师从哪里聘请，教学经验是否丰富，教师队伍是否稳定。

四、了解教学方案

是否全日制上课，是否分班教学，是否有专职的班主任管理，是否采用交叉式排课法，期中、期末考试时间和普通高中是否同步。

五、了解学校信誉

学校的规模、办学年限、在校学生人数，当年高考上线人数占毕业学生的百分比。

六、了解收费情况

收费是否合理，是否存在乱收费的情况。

171
高招行骗陷阱

近年来，每到高考公布录取分数线后，就有一些不法分子利用家长和学生求学心切的心理，布下高招陷阱，骗取钱财。他们的手段不外乎是佯称花钱就能弄到“计划外指标”、谎言编织虚幻的“军校梦”、混淆学历文凭种类等等。

一些学生和家长由于不了解国家的招生政策和招生程序，抱有侥幸心理，希望通过所谓的“内部指标”花钱买大学上。而一些不法分子的花言巧语，就吸引了一些分数较低的落榜生和他们的家长的目光。

有的不法分子制造综合网站，将假冒的各大民办高校链接在一起进行诈骗，因为网络让“骗术”更容易施行。这些网站都制作精美，且与正规学校的网站极为相似，只在新生入学的缴费方式上不同——明确要求学生将学杂费直接汇入该网站的银行账号。

172
高招诈骗伎俩透视

◆ **骗术1　冒充工作人员**

一些高招骗子伪造文件，设置报名处和咨询电话，假冒成某高校的招生人员。他们会拿出一些伪造的证件和学校的空白录取通知书，声称手中掌握有“机动指标”或“内部指标”，要求家长先付一部分订金。在收取订金后，他们便不知去向了。

◆ **骗术2　混淆教育形式**

一些骗子有意模糊普通高校与成人高校的区别，对高考落榜生许诺只要交几万元，就可进入某某高校就读。实际上这所学校是成人教育学院或网络学院。

◆ **骗术3　“地下军招”**

一些骗子声称，只要高考分数在多少分以上，身体健康，花钱买个招生指标便可入全国重点军事院校。其实，军校招生程序是极为严格的，此种情况纯属子虚乌有。

◆ **骗术4　“定向”圈套**

这种圈套是谎称在分数较低的情况下，可选择某某高校定向招生的形式，学生在交志愿表前和骗子接洽并付费。这是屡次上演的骗局。

◆ **骗术5　“低分高录”**

这种圈套是谎称手中掌握某高校的扩招计划，交钱就可以“点招”。在交上定金后，他们就溜之大吉。其实，在录取时指名录取某个考生，是绝不允许的。

◆ 骗术 6 “自主招生”

一些骗子宣称，只要交几万元，考生分数低于录取线也没关系。他们手中有“自主招生”的名额，可以保证落榜生进大学，条件是先交一笔代办咨询费。这种向学生家长收取信息费的把戏，肯定是一种骗术。

◆ 骗术 7 利用网络

有的考生接到电子邮件，声称某人拿到某高校属于保送性质的指标，不需要高考分数，每生报价若干万元。这些信息常通过电子邮件或短信等方式向考生家长散发。实际上，绝无花钱买到指标的可能。

173
附录一：高招日程参考

六月中旬或下旬，报考外语类院校或专业的考生进行外语口试。

六月下旬，公布考生考试成绩，考生可在规定时间内到区、县招办申请查分。

六月底前后，公布每批最低录取控制线。

六月底，报考军事院校的考生体检；报考需要面试院校、专业的上线考生面试。

七月初，军事、公安、外交、国际关系、体育、外语、广播等提前录取院校本科专业录取。

七月初，军事、公安、外交、国际关系、体育等提前录取院校专科专业录取。

七月中旬，第一批录取院校录取。

七月中旬，第二批录取院校录取。

七月下旬，填报专科志愿。

七月下旬，师职、高职单招、艺术高职录取。

七月下旬，公布专科录取分数线。

七月下旬，专科批次录取。

174

附录二：北京民办高校名单

序号	学校名称	学校性质
1	北京城市学院	民办普通高校
2	北京科技经营管理学院	民办普通高校
3	北京吉利大学	民办普通高校
4	北京北大方正软件职业技术学院	民办普通高校
5	北京经贸职业学校	民办普通高校
6	北京汇佳职业学院	民办普通高校
7	北京科技职业学院	民办普通高校
8	北京培黎职业学校	民办普通高校
9	北京新圆明职业学校	民办普通高校
10	首都师范大学科德学院	独立学院
11	北京工商大学嘉华学院	独立学院
12	北京邮电大学世纪学院	独立学院
13	北京工业大学耿丹学院	独立学院

14	北京东方研修学院	民办高等教育机构
15	北京文理研修学院	民办高等教育机构
16	北京金融学院	民办高等教育机构
17	北京财经专修学院	民办高等教育机构
18	北京建设大学	民办高等教育机构
19	北京中山学院	民办高等教育机构
20	中国管理软件学院	民办高等教育机构
21	北京卓达经济管理研修学院	民办高等教育机构
22	国家留学基金管理委员会留学预科学院	民办高等教育机构
23	北京明园大学	民办高等教育机构
24	北京东方大学	民办高等教育机构
25	北京京海研修学院	民办高等教育机构
26	北京应用技术大学	民办高等教育机构
27	北京民族大学	民办高等教育机构
28	北京计算机专修学院	民办高等教育机构
29	北京兴华大学	民办高等教育机构
30	北京国际标准舞研修学院	民办高等教育机构
31	北京华大研修学院	民办高等教育机构
32	北京高等秘书研修学院	民办高等教育机构
33	北京珠宝首饰研修学院	民办高等教育机构
34	中国信息大学	民办高等教育机构
35	北京中新企业管理学院	民办高等教育机构
36	北京黄浦大学	民办高等教育机构
37	中国军地专修学院	民办高等教育机构
38	现代管理大学	民办高等教育机构
39	北京人文大学	民办高等教育机构

40	北京工商管理专修学院	民办高等教育机构
41	北京心理学函授学院	民办高等教育机构
42	北京现代音乐研修学院	民办高等教育机构
43	北京经济技术研修学院	民办高等教育机构
44	北京社会函授大学	民办高等教育机构
45	北京北大资源研修学院	民办高等教育机构
46	北京涉外经济专修学院	民办高等教育机构
47	北京中国驻颜美容学院	民办高等教育机构
48	北京世贤研修学院	民办高等教育机构
49	北京演艺专修学院	民办高等教育机构
50	北京经济管理函授学院	民办高等教育机构

175

附录三：北京市 2007 年第一批院校录取分数线

2007 年第一批院校录取文科线			2007 年第一批院校录取理科线		
1	清华大学	624	1	北京大学	661
2	北京大学	621	2	清华大学	652
3	中国人民大学	610	3	中国人民大学	642
4	复旦大学	603	4	中国科学技术大学	639
5	北京外国语大学	595	5	北京大学医学部	638
6	中央财经大学	592	6	浙江大学	636
7	对外经济贸易大学	590	7	上海交通大学	631
8	北京师范大学	588	8	复旦大学	629
9	上海财经大学	588	9	南开大学	626
10	上海外国语大学	587	10	南京大学	624
11	中国政法大学	581	11	北京师范大学	623
12	南京大学	577	12	中央财经大学	618
13	燕山大学	575	13	北京航空航天大学	618
14	北京航空航天大学	572	14	对外经济贸易大学	614
15	中国传媒大学	571	15	厦门大学	613

家长的责任

176 家长的责任

在孩子备考时，家长该做哪些事呢？

一、创造一个良好的环境。家庭中的欢声笑语是非常重要的，在有些家庭中，父母与子女的关系可能存在一些不和谐的现象，在备考期间，父母应以大局为重，暂时搁置家庭中一切不协调的事情，不要让不和谐的环境给孩子造成负担。家长要少看电视，也要减少外出。要和孩子谈心，倾听孩子的心事。尽量减少亲友来访的次数，不在亲友面前多谈孩子备考的情况。不要今天你送一只鸡，明天他送一盒巧克力，这种关爱过度的举动，会加重考生的压力。不要因琐事争执不休，引起家庭的轩然大波。喝酒、打牌等活动都应停止。在孩子学习时，不要频繁送这送那，要为孩子营造一个安静的复习环境。

二、作好孩子的后勤，照顾孩子的饮食起居，搭配好一日三餐，并注意孩子的饮食卫生。当孩子看书累了，要躺下休息一会儿时，不要强迫孩子学习，也不要说“别躺在那儿”之类的话。表面上看起来，孩子似乎有些懒散，其实不然，躺下略事休息，是为了储备下一步学习的精力。绝不要鼓励孩子开夜车，要让孩子有充足的睡眠，特别是在冲刺时段，帮助孩子调整“生物钟”，把孩子脑力最充足的时段调整为应考的时段。不要给孩子提供补品，造成营养过剩。

三、培养孩子的信心。信心的培养是一个长期的过程，应帮助孩子认清自己的能力，从实际出发，确定合适的目标。当发现孩子情绪紧张时，要多加体谅和正面疏导。要克服过分“望子成龙”的想法，调整自己对孩子的期望值，因为这种期望可能成为孩子的压力。也不要把自己的孩子和别人的孩子作比较，这种做法是孩子非常忌讳的，会伤害他们的自尊心。家长应加强对孩子人格素质的培养，使孩子能以诚信的态度对待高考。在专业的选择上，家长既要帮助孩子选择专业，又要给孩子充分的自主权。

四、父母双方管理孩子的态度应该一致。做好家庭教育必须父母双方协力合作，只有这样才能把孩子培养好。千万不要各自为政，一人一把号，各吹各的调。

五、考试期间应住在家里，不要去旅馆包房，因为很多人在新的环境中是不习惯的。

总之，对于“望子成龙”的父母来说，别人走过的路无法重复，必须引导孩子走出一条自己的路来。

请父母记住两点：

♥家庭教育必须是爱的教育

♥家庭教育必须是快乐的教育

177

解除自身的压力

在复习期间，特别是在第一次模考后，孩子如感到力不从心，就会产生焦虑感，此时家长切忌急躁。有的家长守在孩子身边，陪着孩子挑灯夜读，不厌其烦地教训孩子“要用功呀”、“要考好呀”。家长虽语重心长，却鼓励不了孩子，反而加大了对考生的压力，甚至使他们产生逆反心理。如孩子不需要你陪读，而你偏要强制性地去陪读，孩子就会产生一种被监管的误解，心情肯定是不愉快的。

考生存在心理压力，是造成复习成绩不佳、高考失利的深层原因。一个心情很差的人，是不可能用心读书的，即使读了效果也不会好。而家长的“不安”，最终会导致考生的“不安”。尽管父母的出发点是好的，但可以这么说，孩子的思想压力主要来自父母。许多家长苦于孩子不和自己说心里话，而孩子却苦于家长不能理解他们。

为了给孩子减压，家长应树立这样的意识：你的孩子经过中学阶段的学习，又经过高考的复习，他的知识水平已稳定在一个层次上了。除了在考场上充分发挥外，没有别的捷径可走，家长给他多少压力也无济于事。所以，家长首先应放松自己，全方位地信赖自己的孩子。家长要做的是：第一步，了解孩子的心理状态；第二步，帮助孩子克服困难。好的家长是考生的伙伴而不是压力源。

为了保持一颗平常心，父母必须调整自己的心态，解除自身的焦虑情绪。下面的几种减压法，可供您参考：

第 ，广泛了解高考的动向，多看报纸捕捉有用的信息，积极参加学校为应试召开的家长会，经常通过网络或手机和老师沟通。

第二，建立对孩子合理的期望心理。对孩子的合理期望是减少孩子高考压力的最有效的办法，超值的期望于事无补。同时，也不要把自己的兴趣和愿望强加给孩子。只有家长的期望与孩子的追求一致时，孩子才能最大限度地发挥学习积极性。

第三，视线不要过多地放在孩子身上，要避免对孩子的“过度保护”，不要搅乱考生的情绪。

第四，为孩子提供正确的复习方法，比如，帮助孩子确认科目的强弱，督促孩子建立复习时间表，让孩子将学习用品摆放整齐，限制他们看电视的时间，复习时间过长提醒他们注意休息等等。

第五，考前不给孩子定分数、名次目标，考试后不谈答题好坏。

第六，要有放松心情的时间。在休息日，可陪孩子到户外走走，去公园逛逛。

178

鼓励与斥责

心理状态对复习具有决定性的影响。一个考生若被家长给予鼓励，就会有被重视的感觉。在这种感觉的刺激下，考生心情开朗，能发挥最大的学习潜力。相反，若受到斥责和轻视，考生就会丧失心理平衡，大伤元气，原本熟悉的知识也会因失望而忘记了。

当一个人受到鼓励之后，会在心中形成一股成功的力量，促使自己专注于目标，从而提高成功率。心中有了必胜的信念，效果绝对会好。家长的鼓励会促使这种信念的产生。

鼓励的作用，在心理学中被认为是使用“奖赏”和“报酬”的效果，以满足某一欲望为目标，成为促进精力集中的积极因素。对于鼓励的作用，心理学中有很多有趣的实验，下面的例子是其中之一：

让学习程度相同的两个班，接受相同的测试，考试成绩如何姑且不论。一个老师对甲班说：“这次考试虽然较难，但在大家的努力下，全班成绩都不错”，并给予鼓励。而另一个老师对乙班说：“连这么容易的题都不会做，没见过你们这样的废物”，给予了斥责。过了数天后，两班用相同的考题又考了一次，结果甲班成绩出奇的好，而乙班却比原来更差。

从以上的心理实验中，可以看到鼓励与斥责的效果是很不一样的。受到鼓励会使人感觉自己不同凡响，而受到斥责的感觉则正好相反。受到责难的学生，尤其是受到挖苦的学生，会把自己的缺点无限放大，成为阻碍前进的绊脚石。如果父母操之过急，责难不断，使用伤害性的语言训斥孩子，最后只能使孩子丧失自尊。

当孩子在学习上遇到困难时，做家长的头脑一定要清醒，要帮助孩子加强学习上的自信。父母忌用居高临下的态度，要和孩子保持平等的沟通，走进孩子的内心世界。任何有关孩子的事情，不管是生活方面的还是学习方面的，都要尽可能尊重孩子的意见。即便父母认为不正确，也要尊重孩子的想法，给予耐心开导，千万不要粗暴地予以否定。不可信赖物质刺激的办法来激发孩子的学习热情。夸奖孩子要方法得当，一定要让孩子赢在终点上。

179
与学校牵手

家庭教育与学校教育的目标是一致的，但其侧重点不同。

家庭教育以培养孩子的道德素质、心理素质、气概、意志、自信等非智力因素为重点。好的家庭教育，不仅仅是让孩子画画、弹琴、多做几道题，最重要的是把孩子的行为习惯、非智力素质培养好。

自信和毅力对一个人具有决定性的影响。在复习阶段，家长要保证让孩子自学。学习能力是一种习惯，需要培养，最优秀的教育也无非是使学生养成良好的学习习惯。故而，从本质上讲，学校教育与家庭教育都是在培养学生的能力，而自学能力是一个人最重要的基本功。

家庭教育必须与学校教育密切结合。在复习期间，家长应经常向学校老师了解孩子的在校情况，同时把孩子在家里的情况反映给老师。家长要和老师携手，共同把学习的艰苦变为快乐，把学习的压力变为动力。

毕竟孩子在学校的时间多，而老师也为孩子付出了许多心血，尊师重教是家长和孩子必需的品德修养。

180
是否送考

送考，是高考中的一大景观。从理论上讲，我们是不主张家长送考的。因为送考会增加考生的心理压力，也不利于孩子独立人格的培养。但是，由于爱子心切，送考是一个普遍存在的现象，一切褒贬都无济于事，放心不下的家长终究还是亲自把孩子送到了考场。

那么，家长送考应注意什么呢?

第一，切忌对孩子唠叨，嘱咐应简明扼要，最好是尽在不言中。唠叨会搅乱考生的心情，已进入临考状态的考生，只需一个眼神的鼓励就足以达到坚定信心的作用，此时，所有的话都是多余的。

第二，不要用专车送考，也尽量不乘坐出租车。

第三，送到为止，不陪考。

181
如何保证孩子的营养

给孩子提供健康、均衡的饮食，指的是膳食中营养种类齐全、数量充足、比例适当——也就是富含水果、蔬菜和谷物的饮食。应鼓励孩子选择多样化的食物。

人体各个器官的能量来源于三大营养素：糖类、脂肪和蛋白质。葡萄糖除混合在人的血液、淋巴液和脑脊髓液中，其余葡萄糖会转变为肝糖储存在肝脏和肌肉里。当血液中的葡萄糖不足时，肝糖就会转回葡萄糖输送到血液中。脑部使用的能量只有葡萄糖一种，且脑部不能储存葡萄糖，必须依赖血液不断地供给。

能量和营养物质对孩子的生长发育十分重要。孩子对蛋白质的需求很大，每公斤体重每天需补充蛋白质一克半左右。富含蛋白质的食物有谷类、瘦肉、鱼虾、动物肝脏、鸡蛋、牛奶、豆腐、豆浆等食品。除正餐外，可加些坚果为零食，因为坚果中也含有丰富的蛋白质。孩子有时可能晚睡，晚餐最好吃富含B族维生素的食物，如谷类、瘦肉、动和肝脏、豆类等。脂肪摄入量以男生每天不超过一百五十克，女生不超过一百二十克为宜。健脑食品有豆类、杏仁、芝麻、核桃、葡萄干等。对智力有明显影响的微量元素是锌，锌的日耗量约为二十毫克左右，补锌可选择下列食物：瘦肉、动物脏脏、鸡蛋、玉米、牛奶、海产品、高粱、胡萝卜、南瓜、茄子、大白菜等，烹饪方法以蒸、煮、焖、拌、氽为主。不论何种方法，低盐、低脂都是必须遵守的原则。

要告诉孩子少吃含糖和高脂肪的食物，多吃黑色食物，如黑芝麻、黑米、黑木耳、紫菜等食品，多吃新鲜蔬菜和水果，多吃些粗粮。

182
消除营养误区

◆ 误区 1：蔬菜不如鱼肉蛋好

各类食物都含有不同的营养素：鱼、肉、蛋中含蛋白质、铁、尼克酸、核黄素、脂肪比较丰富；蔬菜中的维生素、膳食纤维和矿物质比较丰富；粮食中的碳水化合物和 B 族维生素比较丰富。人体需要全面平衡的各种营养，因此，蔬菜和鱼、肉、蛋一样，都应均衡地摄入。

◆ 误区 2：肉骨头汤补钙

许多家长喜欢用骨头汤补钙，其实骨头汤中含钙量并不高。用一公斤肉骨头煮汤两小时，汤中的含钙量仅二十毫克左右。孩子每天需要摄入的钙约为八百毫克，指望用骨头汤补钙是远远不能满足需要的。

◆ 误区 3：少吃荤油多吃素油

素油和荤油都是油，是高能量来源。脂肪摄入过多，容易造成肥胖、高血脂、高血压、脂肪肝等疾病，对心血管也不利。素油中的不饱和脂肪酸容易被氧化，对人体健康有害。所以，素油也不可食用过多，孩子每日摄入的总油量以不超过二十五克为宜。

◆ 误区 4：胡萝卜素只有胡萝卜里才有

除胡萝卜中含量较高外，其他新鲜的蔬菜，如豌豆苗、番茄、红辣椒、油菜、小白菜、苋菜中都含有丰富的胡萝卜素。

◆ 误区 5：水果可代替蔬菜

水果可作为人体维生素和矿物质的补充来源，但不能代替蔬菜。因为水果中的维生素和矿物质是不够全面的，而且含量也不高，需要用水果中的营养素来补充。

◆ **误区6：米白质量高**

米的洁白程度和米外层的米糠去除程度有关，米糠去除程度越高，米的洁白程度越高，营养损失就越多。米糠中含有丰富的B族维生素和膳食纤维，米糠少对健康并没有益处。

183 孩子需要维生素

下面我们确定一下，你的孩子缺少哪几种维生素，并提出所需的对应食物。

1．精神紧张、抑郁：需要B族维生素，特别是B_1、B_5、B_6、B_{12}。

对应食物：鱼、核桃、大豆、动物肝脏、鸡蛋、牛奶。

2．易怒、失眠：需要维生素B_3。

对应食物：瘦肉、动物肝脏、酵母。

3．嘴角开裂、嘴唇发干：需要维生素B_2。

对应食物：酸奶、牛奶、干酪和酵母。

4．肌肉乏力：需要维生素E。

对应食物：植物油、核桃、鸡蛋。

5．牙龈出血：需要维生素C。

对应食物：柑橘、西红柿和瓜类。

184
消除疲劳的食物

一、碱性食物。疲劳可能因体液偏酸造成，应多食碱性食物。常见的碱性食物有水果、蔬菜、牛奶、土豆、海带、豆类等。这些食物进入体内代谢后的最终产物是钾、钠、钙、镁，能中和体内的酸性物质，从而降低血液、肌肉的酸度，为肌体和各脏器创造一个良好的体液环境，增加人体耐受力。

二、含咖啡因的食物。如茶、巧克力等，咖啡因能增加呼吸的频率和深度，促进肾上腺分泌，兴奋神经系统。

三、高蛋白质食物。如牛奶、豆腐、瘦肉、鱼类等，可补充热量，祛除困乏。

四、富含维生素的食物。如鲜枣、柑橘、番茄、土豆、肉类、动物肝脏、牛奶、豌豆、红薯、鸡蛋、燕麦片、菠菜、莴苣等，可改善神经系统，使人反应灵敏。

185
怎样吃蔬菜

在备考期间，家长为孩子安排的膳食一般是两多：肉多和油多。为了使孩子营养均衡，最好每餐减少一些肉和油，增加一些蔬菜。

蔬菜是对肌体有益的食物。营养学家认为，西红柿、香菜、芹菜等含维生素C较多，菠菜、胡萝卜、南瓜含维生素A较多，卷心菜、土豆、菜花中含有丰富的维生素K。吃蔬菜可遵循以下方法：

1．每天分顿食用，以免造成碳水化合物摄入过量，使血糖增高。

2．含碳水化合物丰富的蔬菜如山药、冬瓜等，应和肉一起大火炒食。

3．多吃西红柿、胡萝卜、土豆、芸豆、香菜、芹菜、大葱、菠菜和豌豆等蔬菜。

4．蔬菜生食最有营养，如炒食，烹饪时间宜短不宜长。

5．蔬菜瓜果在食用前，一定要用流动水冲洗干净。

186

补品不可用

补品对提高学习效率没有太大帮助。成绩理想的考生，都是在考前认真复习、在考试中正常发挥的。有的考生服用补品后自我感觉不错，是因为这些药物中含有咖啡因的缘故。

在形形色色的保健品中，需要格外注意的是抗疲劳类药品。这种产品不能给孩子吃，因为这类药物不是针对脑力疲劳，而是针对体力疲劳的。而且，长期服用会导致孩子性早熟等不良后果。

不要把鱼肝油当补药。鱼肝油的主要成分是维生素A和维生素D，但含维生素A的食物很多，如胡萝卜、小白菜、芹菜都富含维生素A；经常晒太阳，人体也能合成维生素D。所以，在一般情况下，孩子并不缺乏维生素A和维生素D。

187
附录一：肉类食品的比较

肉类食品的比较

1．猪肉：瘦肉脂肪含量约为25%-30%，蛋白质含量约为16%，维生素B_1含量丰富。

2．牛肉：脂肪的饱和程度比猪肉高，蛋白质含量约为20%，叶酸含量较高。

3．鸡肉：脂肪饱和程度较低，蛋白质含量约为20%，尼克酸含量特别丰富。

4．肝脏：是除维生素C以外，各种维生素的丰富来源，蛋白质含量高，脂肪含量低，但胆固醇含量较高。

188
附录二：合理的膳食需要

每个人每天需要的各类营养有一个合理的摄入量。下面的膳食每日需求量，可供家长参考：

- 谷类　300-600克

- 蔬菜类　400-500 克
- 水果类　100-200 克
- 奶类及奶制品　100 克
- 瘦肉或鱼虾　50-100 克
- 蛋类　60 克
- 豆类或豆制品　50 克
- 植物油　25 克
- 盐　6 克

189

附录三：人体各器官的能量消耗率

<table>
<tr><th>人体器官</th><th>占体重的比率（%）</th><th>能量消耗率（%）</th></tr>
<tr><td>脑部</td><td>2</td><td>18</td></tr>
<tr><td>心脏</td><td rowspan="3">6</td><td>11</td></tr>
<tr><td>肾脏</td><td>7</td></tr>
<tr><td>肝脏</td><td>20</td></tr>
<tr><td>肌肉</td><td rowspan="2">52</td><td>20</td></tr>
<tr><td>皮肤</td><td>5</td></tr>
<tr><td>其他</td><td>40</td><td>19</td></tr>
</table>

说明：本表系体重 60 千克的男性在静止状态时的状况

190
附录四：大脑能量失衡的原因

大脑能量来源于血糖，血糖水平取决于摄入食物的种类和摄入时间。下列不良习惯会导致孩子的大脑能量失衡：

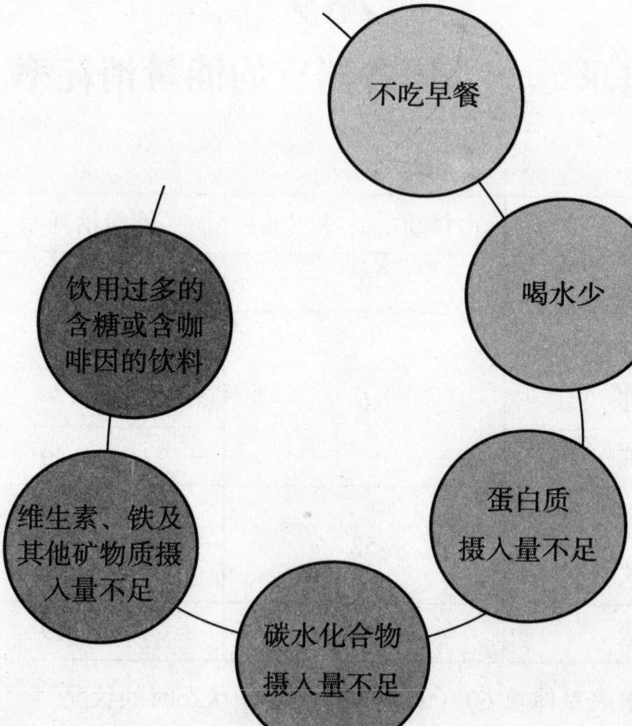